मीर तक़ी 'मीर'

लोकप्रिय शायर और उनकी शायरी

मीर तक़ी 'मीर'

संपादक : प्रकाश पंडित

सह-संपादक : सुरेश सलिल

मीर तक़ी 'मीर' की जीवनी और उनकी बेहतरीन
ग़ज़लें, शे'र, रुबाइयाँ और एक मस्नवी

राजपाल

स्थापित 1912
100 वर्षों की
श्रेष्ठ प्रकाशन परम्परा
राजपाल

₹ 175
ISBN : 9789350643136
संस्करण : 2025

LOKPRIYA SHAYAR AUR UNKI SHAYARI : MEER TAQI 'MEER'
(Life-Sketch & Poetry)
Editor : Prakash Pandit, Associate Editor : Suresh Salil
मुद्रक : जी.एस. ऑफसेट, दिल्ली

राजपाल एण्ड सन्ज़
1590, मदरसा रोड, कश्मीरी गेट, दिल्ली–110006
फोन : 011–23869812, 23865483, 23867791
website : www.rajpalpublishing.com
e-mail : sales@rajpalpublishing.com
www.facebook.com/rajpalandsons

क्रम

सहल है 'मीर' का समझना क्या
हर सुखन उसका इक मुक़ाम से है

जीवनी

पढ़ते फिरेंगे गलियों में इन रेख़्तों को लोग
मुद्दत रहेंगी याद ये बातें हमारियां

'मीर' ने तो शायद यह शेर कवि-सुलभ आत्माभिमान की दृष्टि से कहा हो किन्तु यह बात पूर्णतः सच निकली है। 'मीर' के ज़माने को लगभग 200 वर्ष हो गये। ज़बान बदल गयी, अभिव्यक्ति का ढंग बदल गया, काव्य-रुचि बदल गयी किन्तु 'मीर' जैसे अपने ज़माने में लोकप्रिय थे वैसे ही आज भी हैं। कोई ज़माना ऐसा नहीं गुज़रा जब कि उस्तादों ने 'मीर' का लोहा न माना हो। उनके प्रतिद्वंद्वी 'सौदा' ने भी, जो निन्दात्मक काव्य के बादशाह समझे जाते हैं और जिनकी कभी-कभी 'मीर' से शायराना चोटें भी चल जाती थीं, 'मीर' की खुले शब्दों में प्रशंसा की है :

'सौदा' तू इस ज़मीं में ग़ज़ल-दर-ग़ज़ल ही लिख
होना है तुझको 'मीर' से उस्ताद की तरफ़

उर्दू भाषा की सबसे अधिक साज-संवार करने वाले उन्नीसवीं शताब्दी के पूर्वार्ध के लखनवी उस्ताद 'नासिख़' का मिसरा है :

आप बे-बहरा है जो मोतक़दे-'मीर' नहीं।

'ग़ालिब' ने भी 'नासिख़' का हवाला देकर उनके विचार की पुष्टि की है :

'ग़ालिब' अपना तो अक़ीदा है ब-क़ौले-'नासिख़'
आप बे-बहरा है जो मोतक़दे-'मीर' नहीं

'ज़ौक़' का शेर है :

न हुआ पर न हुआ 'मीर' का अंदाज़ नसीब
'ज़ौक़' यारों ने बहुत ज़ोर ग़ज़ल में मारा

उन्नीसवीं सदी के अंत में 'अकबर' इलाहाबादी ने लिखा :

मैं हूँ क्या चीज़ जो इस तर्ज़ पे जाऊं 'अकबर'
'नासिख़ो'-'ज़ौक़' भी जब चल न सके 'मीर' के साथ

बीसवीं सदी के ईसुल-मुतग़ज़्ज़लीन (ग़ज़ल रचयिताओं के नायक) मौलाना 'हसरत' मोहानी लिखते हैं :

शेर मेरे भी हैं पुर-दर्द वलेकिन 'हसरत'
'मीर' का शैवाए-गुफ़्तार कहां से लाऊं

'दाग़' के शागिर्द नाखुदाए-सुखन जनाब 'नूह' नारवी का मिसरा है :
बड़ी मुश्किल से तकलीदे-जनाबे-'मीर' होती है।
और खुद 'मीर' कहते हैं :

मुझको शायर न कहो 'मीर' कि साहब मैंने
दर्दो-ग़म जमा किये कितने तो दीवान किया

दरअसल 'मीर' की स्थायी सफलता का रहस्य यही है कि उन्होंने अपनी दुख की संवेदना को इतना मुखर कर दिया था कि उनके सीधे-सादे शब्द भी हर ज़माने में बड़े-बड़े काव्य-मर्मज्ञों को प्रभावित करते रहे हैं। भाग्य ने उनके व्यक्तिगत जीवन और उनके समय की सामाजिक परिस्थितियों को स्थिरता और आराम-चैन से इतना अलग कर दिया था कि 'मीर' का हृदय एक टूटा हुआ खंडहर बन गया और उसमें से दर्दो-ग़म की ऐसी तानें निकलीं जिन्होंने 'मीर' को कविता के क्षेत्र में अमरत्व प्रदान कर दिया।

यह ध्यान देने की बात है कि 'मीर' के समकालीन और काव्य-क्षेत्र में उन्हीं की-सी हैसियत रखने वाले मिर्ज़ा 'सौदा' की काव्य-रचना अपनी चमक-दमक के लिए प्रसिद्ध थी। इनके पूर्ववर्ती उस्तादों के यहां भी सीधी-सादी प्रेम-भावनाओं का वर्णन है। उनके बाद के ज़माने में भी शोख़ी और चंचलता उर्दू-शायरी का दामन छोड़ती नहीं दिखाई देती। लेकिन 'मीर' ने अपना करुणा का रंग सबसे अलग निकाला और इस प्रभाव के साथ अपनी बात कही कि सदियों तक लोगों के दिलों में गड़ी रहेगी। अपने इस रंग के बारे में उनका आत्मविश्वास बहुत बढ़ा-चढ़ा था और वे गम्भीरता को छोड़कर चंचलता का सहारा लेना पसन्द न करते थे। इस मामले में खुद जाकर किसी पर आपत्ति नहीं की, लेकिन जिन चंचलता के पृष्ठ-पोषक कवियों ने इनसे प्रोत्साहन चाहा उन्हें फटकार ही मिली। लखनऊ में थे तो उनके

मकान पर मुशायरा हुआ करता था। उसमें एक दिन 'ज़ुर्रत' ने, जो नयी उठान के चंचलता-प्रिय कवि थे, अपनी ग़ज़ल पढ़ी जिसकी तत्कालीन रुचि के मुताबिक़ खूब तारीफ़ हुई। 'मीर' चुपचाप बैठे रहे। 'ज़ुर्रत' को मुशायरे में मिली प्रशंसा काफ़ी न मालूम हुई तो 'मीर' साहब के पास आकर बैठ गये और अपनी ग़ज़ल के बारे में उनकी राय जाननी चाही। 'मीर' साहब ने टालमटोल करनी चाही, लेकिन शामत के मारे 'ज़ुर्रत' पीछे पड़ गये। 'मीर' साहब त्योरी चढ़ा कर बोले, "कैफ़ीयत इसकी यह है कि तुम शेर तो कहना नहीं जानते हो, अपनी चूमाचाटी कह लिया करो।"

इसी तरह सआदत यार खां 'रंगी' जो रेख़्ती (ज़नानी बोली की लगभग अश्लील कविता) के जन्मदाता कहे जाते हैं, शायरी के शौक़ में 'मीर' साहब के पास गये। 'मीर' साहब का बुढ़ापा था और 'रंगी' चौदह-पंद्रह बरस के, उस पर अमीरज़ादे। निहायत शानो-शौक़त से पहुंचे। 'मीर' साहब उनका रंगढंग देखकर ही समझ गये कि कितने पानी में हैं। ग़ज़ल सुनकर उन्होंने कहा, "साहबज़ादे! आप खुद अमीर हैं, अमीरज़ादे हैं। नेज़ाबाजी, तीर-अन्दाज़ी की कसरत कीजिए, शहसवारी की मश्क़ फ़रमाइए। शायरी दिलख़राशी और जिगर-सोज़ी का काम है, आप इसके दर पे न हों।" सआदत यार खां इस पर भी न माने और ग़ज़ल की इस्लाह पर ज़ोर दिया। अब 'मीर' साहब ने कह दिया, "आपकी तबीयत इस फ़न के मुनासिब नहीं, यह आपको नहीं आने का। ख़ामख़ाह मेरे और अपने औक़ात ज़ाया करना क्या ज़रूरी है?"

शेख़ इमाम बख़्श 'नासिख़' के साथ भी यही क़िस्सा हुआ था, उन्हें भी 'मीर' ने शागिर्द बनाने से इन्कार कर दिया था।

इन घटनाओं से यह स्पष्ट है कि 'मीर' शायरी को सिर्फ़ मन-बहलाव की चीज़ नहीं समझते थे, बल्कि उसे अपने जीवन का महत्त्वपूर्ण बल्कि सबसे महत्त्वपूर्ण अंग मानते थे और दूसरों से भी ऐसी ही आशा करते थे।

संक्षिप्त जीवन चरित्र

'मीर' ने अपना जीवन-चरित्र स्वयं ही 'ज़िक्रे-मीर' नामक एक फ़ारसी पुस्तक में लिख दिया। यह पुस्तक बहुत दिनों तक अप्राप्त थी लेकिन कुछ वर्ष पहले अंजुमने-तरक़्क़ी-ए-उर्दू के मन्त्री डॉ. अब्दुल हक़ ने इसकी खोज करके इसे प्रकाशित करवा दिया है जिससे काल-निरूपण तथा तथ्यों की विश्वसनीयता में बड़ी मदद मिली है। 'मीर' के बुज़ुर्ग हिजाज़ (अरब का एक प्रदेश) से भारत आये थे। पहले वे हैदराबाद गये, वहां से अहमदाबाद और फिर 'मीर' के प्रपितामह ने आगरे में (जो तत्कालीन राजधानी थी) आकर दम लिया। उनका कुछ ही दिन बाद देहांत

हो गया। 'मीर' के पितामह आगरे में फ़ौजदार हो गये। इनके दो बेटे थे। बड़े का दिमाग़ ख़राब था और वह जवान ही मर गया। छोटे मीर अली मुत्तक़ी सूफ़ी फ़क़ीर हो गये। उनके तीन लड़के थे। पहली स्त्री से मुहम्मद हसन और दूसरी से मुहम्मद तक़ी और मुहम्मद रज़ी। यही मंझले पुत्र तक़ी बाद में उर्दू काव्य-गगन के सूर्य बनकर चमके।

जन्म के बारे में निश्चित रूप से कुछ नहीं मालूम हुआ कि किस सन् में पैदा हुए। 'ज़िक्रे-मीर' में भी इसका कोई उल्लेख नहीं है। लेकिन और घटनाओं के समय इन्होंने अपनी जो उम्र बताई है उससे हिसाब लगाने पर इनकी जन्म-तिथि 1137 हिजरी या 1724 ईसवी निकलती है। दस-ग्यारह वर्ष ही के थे कि बाप का साया सर से उठ गया। सौतेले बड़े भाई मुहम्मद हसन दुनियादार थे और मीर तक़ी से जलते भी थे। उन्होंने बाप की सम्पत्ति पर तो अधिकार कर लिया और क़र्ज़ का भुगतान इस बच्चे के ऊपर छोड़ दिया। लेकिन मीर तक़ी में स्वाभिमान बचपन ही से था। उन्होंने किसी से सहायता की याचना नहीं की। किन्तु एक दैवी सहायता यह मिली कि इनके पिता के एक अभिन्न मित्र के मुरीद (शिष्य) सय्यद मुकम्मलखां ने अपने गुरु और मीर के पिता के मैत्री-संबंधों का ख़याल करके उनके पास 500 रुपये की एक हुंडी भेज दी। इन्होंने उनमें से 300 क़र्जख़्वाहों को देकर जान छुड़ाई और छोटे भाई को घर छोड़कर नौकरी की तलाश में दिल्ली चले गये। वहां कुछ दिन भटकते रहे। संयोग से अमीर-उल-उमरा नवाब समसामुद्दौला के भतीजे ख़्वाजा मुहम्मद बासित को मीर पर दया आई। उन्होंने मीर को नवाब के सामने पहुंचा दिया। नवाब इनके बाप अली मुत्तक़ी को जानते थे। उनकी मृत्यु का समाचार सुनकर बहुत अफ़सोस किया और मीर के गुज़ारे के लिए एक रुपया रोज़ मुक़र्रर कर दिया।

लेकिन मीर की क़िस्मत में चैन से रहना न था। चार-पांच वर्ष के बाद नादिरशाह ने दिल्ली पर हमला कर दिया। नवाब समसामुद्दौला इसमें मारे गये। मीर सहारा टूटने पर आगरा आये लेकिन फिर कुछ दिनों बाद दिल्ली पहुंचे और अपने सौतेले भाई के मामा ख़ान आरज़ू के पास रहने लगे। कुछ दिनों उनसे कुछ विद्या लाभ किया। (ख़ान आरज़ू उस ज़माने के प्रथम श्रेणी के कवियों में से थे)। लेकिन फिर वे उनसे नाराज़ हो गये। मीर का कहना है कि सौतेले भाई की शिकायत पर ख़ान आरज़ू उनसे बिगड़े थे। कुछ लोग इसका कारण यह बताते हैं कि वे ख़ान आरज़ू की पुत्री से प्रेम करने लगे थे। ये प्रेम इतना बढ़ा कि उन्होंने सबसे मिलना-जुलना छोड़ दिया और एक कोठरी में पड़े रहते। इसी हालत में उन्हें उन्माद हो गया और चन्द्रमा में अपनी प्रेमिका की सूरत नज़र आने लगी। उन्माद को मीर साहब भी

मंज़ूर करते हैं किन्तु उसका कारण ख़ान आरज़ू का दुर्व्यवहार बताते हैं। ख़ैर, कुछ भी हो, उन्माद रोग तो उन्हें हो ही गया था। अंत में उनकी हालत पर फ़ख़रुद्दीन ख़ां नामक एक सज्जन को तरस आया और उन्होंने बड़े-बड़े हकीमों से इलाज करा के 'मीर' को चंगा कर दिया।

ख़ान आरज़ू की ओर से तो इनकी पूरी उपेक्षा थी लेकिन संयोग से इन्हें पहले मीर जाफ़र और उनके बाद सय्यद सआदत अली अमरोही का साथ मिल गया। दोनों बुज़ुर्ग बड़े विद्याप्रेमी थे और उन्होंने मीर को बहुत कुछ सिखाया। सय्यद सआदत अली खां ने ही मीर को काव्य-रचना करने की राय दी और मीर ने कुछ ही समय में मुशायरों में अपना रंग जमा लिया। लेकिन ख़ान आरज़ू से इनकी बिगड़ती गई। एक दिन खाना खाते समय ही ख़ान आरज़ू ने इनसे इतनी कड़ी बातें कह दीं कि वे बग़ैर खाना खाये उठ गये और ख़ान आरज़ू के घर से निकल गये। संयोग से हौज़ क़ाज़ी पर इन्हें अली मुल्ला नामक एक आदमी मिला जिसने इन्हें रियायत ख़ां रईस के पास पहुंचा दिया। ये रियायत ख़ां के नौकर हो गये। इसके बाद वे कई रईसों के पास रहे। इसका कारण कुछ तो उनकी नाज़ुक-मिज़ाजी और कुछ उस अस्थिरता के ज़माने में रईसों की बिगड़ी हुई हालत थी।

रियायत ख़ां के यहां से किसी बात पर बिगड़कर अलग हुए तो नवाब बहादुर के मुसाहिब हो गये। नवाब बहादुर मारे गये तो वे दीवान महानारायण के यहां चले गये। फिर दो-तीन महीने बेकारी की हालत में इलाहाबाद के सूबेदार अमीर खां 'अंजाम' की हवेली में काटे। इसके बाद उन्हें बंगाल के वकील राजा जुगल किशोर ने अपनी कविताओं के संशोधन के लिए अपने यहां रख लिया और सिफ़ारिश करके राजा नागर मल के दरबार में रखवा दिया। यहां मीर साहब का वेतन अधिक था और वे कुछ अधिक दिन यहां रहे। लेकिन रोज़ाना की लूट-मार से परेशान होकर कुंभेर में सूरज मल जाट के दरबार में रहने लगे। बहुत दिन यहां रहने के बाद वे एक बार अकबराबाद (आगरा) होते हुए फिर दिल्ली पहुंचे और फिर राजा नागर मल के यहां रहने लगे। जाटों की लूट-मार से परेशान होकर नागर मल कामां चले गये। मीर साहब भी उनके साथ वहां गये और फिर जब राजनीतिक उथल-पुथल के कारण नागर मल फिर दिल्ली आये तो उनके साथ मीर साहब भी दिल्ली आ गये। लेकिन अब उन्होंने नागर मल की नौकरी छोड़ दी थी। मशहूर इस अर्से में काफ़ी हो ही गये थे इसीलिए कुछ दिनों तत्कालीन बादशाह आलमगीर द्वितीय के साथ रहे। बादशाह ने जब ज़ाब्ता ख़ां पर आक्रमण किया तो मीर भी उसके साथ थे। इतने लड़ाई-झगड़े देखने के बाद मीर साहब अपने घर बैठ गये। रईस और अमीर-उमरा घर बैठे उनकी कुछ मदद कर दिया करते थे, बादशाह भी कुछ

भेज दिया करता था, लेकिन इनका जी दिल्ली से उचाट हो गया था और चाहते थे कि कहीं इत्मीनान से रहना नसीब हो। दिल्ली के बादशाह ने कई बार उन्हें अपने दरबार में बुलाया मगर ये न गये। बरसों दिल्ली की मार-काट और बरबादी देखकर इनका जी काफ़ी थक चुका था।

'मीर' साहब की दिल्ली छोड़ने की इच्छा को सुनकर अवध के तत्कालीन नवाब आसफ़-उद्दौला ने उन्हें बुलाना चाहा और नवाब सालार जंग के सुझाव पर मार्ग-व्यय भी भेज दिया। मीर तुरन्त अकेले ही लखनऊ को चल दिये। रास्ते में फ़रुखाबाद के रईस मुज़फ़्फ़र जंग ने उन्हें कुछ दिनों के लिए रोकना चाहा लेकिन मीर साहब न रुके। लखनऊ आकर सीधे सालार जंग के मकान पर पहुंचे। (लखनऊ आने के लिए नवाब की ओर से 'मीर' साहब को सालार जंग ही ने पत्र लिखा था)। सालार जंग ने अतिथि-सत्कार में कोई कसर न छोड़ी और आसफ़-उद्दौला को 'मीर' साहब के आगमन की सूचना पहुंचाई। लेकिन नवाबी ज़माना, हर काम को आराम और इत्मीनान से करने की आदत। 'मीर' साहब की नवाब से चार-पाँच दिन बाद भेंट भी हुई तो उस समय जबकि वे मुर्गों की लड़ाई देखने आये हुए थे। नवाब साहब ने इन्हें अंदाज़े ही से पूछा कि क्या तुम मीर तक़ी हो? यह मालूम होने पर कि यही मीर हैं नवाब उनसे गले मिले और अपने पास बिठा लिया। नवाब ने वहां पर उन्हें अपने कुछ शेर सुनाये जिनकी इन्होंने तारीफ़ की। फिर इनसे कुछ सुना। चलने लगे तो सालार जंग ने कहा कि इन्हें आपने बुलाया था; अब इनके लिए कुछ हो जाना चाहिए। नवाब ने कहा कि मैं सोचकर बताऊंगा। दो-तीन दिन बाद मीर दरबार में बुलाये गये। नवाब साहब ने कृपा की और उन्हें अपने मुसाहिबों में दाख़िल कर लिया।

अब 'मीर' साहब को अपने संघर्षमय जीवन से छुटकारा मिला और सुख का जीवन बिताने लगे। रुपये-पैसे की भी दिक़्क़त न रही और सम्मान भी प्राप्त हुआ। नवाब आसफ़-उद्दौला शिकार के लिए बहराइच गये तो 'मीर' साहब भी घोड़े पर सवार उनके साथ थे। उन्होंने इस पर शिकारनामा लिखा। दूसरी बार नवाब साहब शिकार के लिए हिमालय की तलहटी तक गये। इस अवसर पर 'मीर' ने दूसरा शिकारनामा लिखा। दूसरे शिकारनामे की दो ग़ज़लों पर मिसरे जोड़कर नवाब ने मुख़म्मस बनाये थे।

लखनऊ ही में 'मीर' ने अपना जीवन-चरित्र 'ज़िक्रे-मीर' लिखा। उस समय उनकी अवस्था लगभग साठ वर्ष की थी। इसमें उन्होंने अपने निजी जीवन की घटनाओं के साथ ही अपने ज़माने की राजनीतिक उथल-पुथल (बल्कि अराजकता की स्थिति) का विस्तार-पूर्वक उल्लेख किया है। विभिन्न दरबारों और रईसों से सम्बन्धित रहने

और सारी राजनीतिक हलचलों को अपनी आंखों से देखने के कारण उनके लिए यह संभव भी हो सका।

यद्यपि 'ज़िक्रे-मीर' लिखते समय ही उन्होंने लिख दिया था कि शक्ति के ह्रास तथा मस्तिष्क और हृदय की दुर्बलता से ऐसा जान पड़ता है कि अधिक जीवित न रहूंगा, और समय भी रहने योग्य नहीं है, इतना ही अच्छा है कि आराम से अंत हो; तथापि इसके बाद वे उन्तीस-तीस वर्ष तक जीवित रहे थे। उनकी मृत्यु की तिथि 'नासिख़' द्वारा कही गई तारीख 'वावेला मुर्द शाहे-शायरां' से 1225 हिजरी या 1810 ईसवी निकलती है और इसके बारे में कोई मतभेद नहीं है। जन्म तिथि के बारे में उन्होंने कुछ नहीं लिखा। कुछ लोगों का कहना है कि उन्होंने 100 वर्ष की आयु भोगी। लेकिन 'ज़िक्रे-मीर' की समाप्ति का समय उसी में दी हुई तारीख के अनुसार 1197 हिजरी है और उसमें उन्होंने अपनी अवस्था 60 वर्ष की लिखी है। इसलिए अनुमान किया गया है कि उनकी जन्म-तिथि 1137 हिजरी या 1724 ईसवी होगी। इस प्रकार उनकी कुल आयु हिजरी हिसाब से 88 वर्ष और ईसवी हिसाब से 86 वर्ष की निकलती है।

उनके वंश के बारे में भी कुछ मतभेद है। 'तज़करा-ए-शोरिश' में लिखा है कि 'मीर' सैयद न थे। लेकिन 'ज़िक्रे-मीर' से और 'मीर' द्वारा रचित कई शेरों से मालूम होता है कि वे अपने को एलानिया सय्यद कहते थे। धार्मिक विश्वास के लिहाज़ से शिया थे। और कुछ लोगों का कहना है कि ख़ान आरज़ू के सुन्नी होने के कारण इनका उनसे झगड़ा रहता था। किन्तु अधिकतर लोगों को यह बात मंज़ूर नहीं है।

व्यक्तित्व और स्वभाव

मीर साहब के आख़िरी ज़माने का हुलिया मौलाना मुहम्मद हुसैन आज़ाद इन शब्दों में बयान करते हैं : "मीर साहब मियाना क़द, लाग़र-अंदाम (दुबले-पतले), गंदुमी (गेहुआँ) रंग थे। हर काम मतानत (धैर्य) और आहिस्तगी के साथ। बात बहुत कम, वह भी आहिस्ता। आवाज़ में नरमी और मुलाइमियत। ज़ईफ़ी ने इन सब सिफ़तों को और भी क़वी किया (बढ़ाया) था।"

मीर साहब की नाज़ुक-मिज़ाजी और क्रोधी स्वभाव के क़िस्से बहुत मशहूर हुए। सआदत यार ख़ाँ 'रंगी' और 'ज़ुर्रत' के साथ पेश आने वाले मामलों को हम पहले ही लिख चुके हैं। लेकिन 'मीर' की बद-दिमाग़ी सिर्फ़ अपने से छोटों या बराबर वालों तक ही सीमित न थी। मिज़ाज बिगड़ने पर वे अपने आश्रयदाताओं तक को खरी-खोटी सुनाने से न चूकते थे। जुगल किशोर ने उनके साथ इतना

सलूक किया। फिर भी मीर साहब को उन्होंने अपनी ग़ज़लें दिखाईं तो उन्होंने सब काटकर फेंक दीं। राजा साहब के सलूक इसके बाद भी उनके साथ रहे। नवाब आसफ़-उद्दौला का दबदबा बड़ा मशहूर था, लेकिन मीर साहब उनसे बिल्कुल बराबरी की हैसियत से बात करते। एक बार वे नवाब के पास बैठे हुए थे। दोनों के बीच में एक किताब रखी हुई थी। नवाब ने कहा, "मीर साहब! ज़रा यह किताब उठा दीजिए।" मीर साहब ने किताब उठाकर देने में भी अपनी बेइज़्ज़ती समझी और चोबदार से कहा, "देखो तुम्हारे आक़ा क्या कहते हैं।" नवाब बेचारे इतने अप्रतिभ हुए कि ख़ुद बढ़कर किताब उठा ली।

नवाब आसफ़-उद्दौला के मरने पर नवाब सआदत अली ख़ां का राज हुआ। मीर साहब ने दरबार जाना छोड़ दिया। वहां से भी बुलावा न आया। एक दिन नवाब की सवारी निकल रही थी। यह तहसीन की मसजिद में बैठे हुए थे। सवारी आने पर सब उठ खड़े हुए, लेकिन यह बैठे रहे। नवाब ने अपने मुसाहिबों से पूछा कि यह कौन है। मालूम हुआ 'मीर' हैं। नवाब ने वापस आकर चोबदार के हाथों ख़िलअत और एक हज़ार रुपया भेजा। मीर साहब ने उसे वापस कर दिया। नवाब को और आश्चर्य हुआ और उन्होंने सय्यद 'इंशा' को भेजा। पूछने पर मीर साहब ने कहा कि "पहले तो नवाब साहब मुझे भूले रहे और अब याद भी किया तो इस तरह कि दस रुपये के नौकर के हाथ ख़िलअत भेजा। वह अपने मुल्क के बादशाह हैं तो मैं अपने मुल्क का। मुझे भूखों मर जाना मंज़ूर है लेकिन यह बेइज़्ज़ती नहीं मंज़ूर।" बहर-हाल इंशा उन्हें समझा-बुझाकर किसी तरह दरबार ले गये। नवाब साहब ने उनकी बेहद ख़ातिर की और आख़िर तक करते रहे।

कुछ आलोचकों ने मीर के इस कटु व्यवहार का कारण उनके जीवन में पड़ने वाली कठिनाइयों और संघर्षों को बताया है। अपनी बात के सबूत में वे 'मीर' साहब ही का बंद पेश करते हैं :

हालत तो यह कि मुझको ग़मों से नहीं फ़राग़
दिल सोज़िशे-दरूनी से जलता है ज्यूं चिराग़
सीना तमाम चाक है सारा जिगर है दाग़
है मजलिसों में नाम मेरा 'मीरे' बेदिमाग़

अज़बस कि कम-दिमाग़ी ने पाया है इश्तहार।

लेकिन 'मीर' साहब के अपने कहे के अनुसार हम उनके बारे में राय कैसे बना सकते हैं? तटस्थ रूप से देखने पर दिखाई देता है कि 'मीर' पर बचपन और जवानी के दिनों में ज़रूर मुसीबतें पड़ीं लेकिन प्रौढ़ावस्था और बुढ़ापे में उन्हें

बहुत सुख और सम्मान मिला। जिन लोगों के साथ ऐसा होता है वे साधारणतः दूसरों के प्रति और अधिक सहानुभूति रखने वाले, मृदु-भाषी और गंभीर हो जाते हैं। 'मीर' की कटुता उनके अंत समय तक न गई। मनोवैज्ञानिक दृष्टि से इसका एक ही कारण हो सकता है। वह यह कि 'मीर' प्रेम के मामले में हमेशा असफल रहे और जीवन के इस बड़े भारी अभाव ने उनके अवचेतन मस्तिष्क में घर करके उनमें असाधारण अहमन्यता और कटुता भर दी। उन्हें एक बार उन्माद भी हुआ था। उससे वे अच्छे हो गये लेकिन यह असंभव नहीं है कि दवाओं की प्रतिक्रिया ने उनके मिज़ाज में असाधारण रूप से गर्मी भर दी हो। वरना यह समझ में नहीं आता कि सूफ़ी फ़क़ीर का बेटा, जिसे शुरू ही से विश्व के कण-कण से प्रेम करने की शिक्षा दी गई हो, इतनी कटुता का बोझ ज़िन्दगी भर किस तरह ढोता रहा।

मालूम होता है कि 'मीर' को शुरू के कटु अनुभवों और उसके बाद असफल प्रेम का मानसिक झटका लगने से साधारण जनों की सदाशयता ही में नहीं उनकी समझ पर भी अविश्वास हो गया था। वे किसी और मनुष्य को अपना प्रेम न दे सके और उसकी पूर्ति उन्होंने बिल्ली, कुत्ता, बकरी, मुर्ग़ा आदि पालकर और उन पर अपना सारा प्रेम उँडेल कर की। इन जानवरों पर उन्होंने कई नज़्में लिखी हैं। आलोचकगण कहते हैं कि 'मीर' साहब ने यह ख़ुराफ़ात लिखकर अपनी प्रतिष्ठा कम की है। वे बेचारे नहीं जानते कि इन्हीं जानवरों की मुहब्बत ने 'मीर' साहब को ज़िन्दा रखा, वरना उन जैसा संवेदनशील आदमी प्रेम के नितान्त अभाव में ज़िन्दा ही नहीं रह सकता था।

समाज से 'मीर' साहब की कोई ख़ास दिलचस्पी नहीं दिखाई देती। वे इस समाज से ऊबे हुए थे। चाहते थे कि लोग जितनी चाहें उतनी मूर्खता करते रहें, बस उनसे कोई छेड़छाड़ न करें। फ़िज़ूल का मिलना-जुलना उन्हें पसंद नहीं था। ज़बर्दस्ती मेल बढ़ाने वालों को—और ज़बर्दस्ती मेल बढ़ाने वाले हमेशा विचारों से शून्य व्यक्ति होते ही हैं—वे अक्सर दुत्कार दिया करते थे। अपनी धुन में मस्त रहते थे। एक दिन इसी हालत में मीर साहब टहल रहे थे और यह मिसरा गुनगुना रहे थे, "अब के भी दिन बहार के यूंही गुज़र गये।"* एक साहब मिलने गये, सलाम किया, बैठे रहे और उठ कर चले भी आये मीर साहब ने ध्यान भी न दिया कि कौन आया था, क्यों आया था, और कब चला गया।

* यह मिसरा भ्रमवृक्ष मीर का माना जाता है, किंतु वस्तुतः यह 'सौदा' का है। संभवतः यह बाद के लोगों की कल्पना की उपज है।

फिर मीर साहब का मानदंड भी इतना ऊँचा था कि ख़ुदा की पनाह। लखनऊ

में किसी ने पूछा कि आपकी नज़र में कौन-कौन शायर हैं। कहने लगे, "दो। एक सौदा और दूसरा मैं।" कुछ देर ठहर कर बोले, "और आधे ख़्वाजा मीर दर्द।" पूछने वालों ने कहा, "और मीर सोज़?" भवें टेढ़ी करके बोले, "मीर सोज़ भी शायर हैं?" उसने कहा, "आखिर नवाब आसफ़-उद्दौला के उस्ताद हैं।" बोले, "ख़ैर, तो पौने-तीन सही।"

वे चाहते थे कि सत्पात्र ही उनसे काव्य-चर्चा करें और उस ज़माने के फ़ैशन के अनुसार हर व्यक्ति काव्य-चर्चा करता था। इससे उन्हें चिढ़ होती थी। अंग्रेज़ हाकिम, यहां तक कि गवर्नर-जनरल तक, लखनऊ आने पर इन्हें बुलाते थे, लेकिन ये उनसे मिलने कभी न जाते थे। कहते थे, "मुझसे जो कोई मिलता है तो या मुझ फ़क़ीर के ख़ानदान के ख़याल से या मेरे कलाम के सबब से मिलता है। साहब को ख़ानदान से ग़रज़ नहीं, मेरा कलाम समझते नहीं। अलबत्ता कुछ इनाम देंगे। ऐसी मुलाक़ात में ज़िल्लत के सिवा क्या हासिल?"

लेकिन सत्पात्र से वे खुले दिल से मिलते भी थे। शाद अज़ीमाबादी 'नवाए-वतन' में लिखते हैं :

जब शैख़ रासिख़ उनसे मिलने गये तो 'मीर' ने कहला भेजा 'मियां, क्यों सताने आये हो?' शैख़ साहब ने ठीकरी पर यह शेर लिखकर भेजा :

ख़ाक हूँ पर तूतिया हूँ चश्मे-मेहरो-माह का
आँख वाला रुत्बा समझे मुझ ग़ुबारे राह का

मीर साहब फ़ौरन घर से निकल आये, गले लगाया और कहा, "मिज़ाज मुबारक! कहां से आये हो? क्यों मुझ ग़रीब को सरफ़राज़ किया?"

प्रौढ़ावस्था आने पर शेरो-शायरी के अलावा किसी बात से कोई संबंध नहीं रखते थे। एक नवाब साहब उन्हें अपने यहां रहने को ले गये और ऐसा मकान दिया जिसकी खिड़कियां एक बाग़ की तरफ़ खुलती थीं। संयोग से 'मीर' साहब जिस दिन आये खिड़कियां बंद थीं। मीर साहब ने उन्हें खोला भी नहीं और कई बरसों तक उन्हें पता भी न चला कि इधर बाग़ भी है। एक बार एक मित्र ने बताया तो उन्हें मालूम हुआ। मित्र ने इस बात पर आश्चर्य प्रकट किया कि बरसों से उन्हें बाग़ का पता भी नहीं है तो अपनी ग़ज़लों के मसविदों की तरफ़ इशारा करके बोले, "मैं तो इस बाग़ की फ़िक्र में ऐसा लगा हूं कि उस बाग़ कि ख़बर भी नहीं।"

'मीर' साहब की आत्माभिमान आरंभ में अतिरेक की सरहदें छू लेता था। दिल्ली में एक मुशायरे में उन्होंने एक मस्नवी 'अज़धर-नामा' पढ़ी जिसमें उन्होंने

अपने को अजगर और दूसरे कवियों में किसी को चूहा, किसी को बिच्छू, किसी को कनखजूरा आदि के रूपक में पेश करके अपने को उनसे कहीं बड़ा साबित करने की कोशिश की। इसके कारण उनके पीछे और कवि पड़ गये। इसी स्वाभिमान के अतिरेक में वे 'सौदा' और उस ज़माने के एक दूसरे शायर 'बक़ा' से भिड़ जाते थे। यह दोनों निंदा-काव्य के विशेषज्ञ थे। इन लोगों ने ऐसे-ऐसे शेर लिखे :

पगड़ी अपनी संभालिएगा 'मीर'
और बस्ती नहीं, ये दिल्ली है

लेकिन बाद में 'मीर' के मिज़ाज में गंभीरता भी दिखाई देती है। अपनी पुस्तक 'नुकातुश्शोअरा' में उन्होंने पुराने और समकालीन कवियों की अच्छी-खासी प्रशंसा की है, अपनी ग़ज़लों के शेरों में 'सौदा' की प्रशंसा भी की है। हाँ, अपात्र का अपने साथ मिलना-जुलना उन्होंने अंत समय तक बर्दाश्त नहीं किया।

'मीर' का काव्य

डॉ. एजाज़ हुसैन ने 'मीर' की कला की व्याख्या निम्नलिखित थोड़े से शब्दों में कर दी है "मीर की सबसे बड़ी ख़ूबी यह है कि वे सीधे-सादे शब्दों में अपने भाव व्यक्त करते हैं जिससे उनकी कविता बड़ी प्रभावोत्पादक हो जाती है। वे करुणा के कवि हैं। करुणा का प्रभाव भारी-भरकम शब्दों और पेचीदे ढंग से बात करने में उतना नहीं पड़ता जितना साफ़ और सीधे शब्दों में।"

स्वर्गीय डॉ. अमरनाथ झा लिखते हैं, "उनकी शैली उन महाकवियों की है जो वग़ैर प्रयास के शानदार शैली अपना लेते हैं। वे अपनी सरलता में अत्युच्च हैं। (उनकी रचनाएं पढ़ते समय) हम प्राचीन ढंग की अभिव्यक्ति को भूल जाते हैं, अप्रचलित मुहावरों पर ध्यान नहीं देते, और उनके विचार या शब्द-चित्र पर, जो शब्द-चमत्कार से अवरुद्ध या धुंधला नहीं होता है, हमारा ध्यान केन्द्रित हो जाता है।"

उपर्युक्त दोनों महान आलोचकों के कथन के बाद 'मीर' के काव्य की विशिष्टता के बारे में कुछ कहना नहीं रह जाता है। दरअसल 'मीर' का काव्य व्याख्या करने की चीज़ नहीं, अनुभव करने की चीज़ है। उनका मुख्य विषय दुख और करुणा है। इन दोनों की व्याख्या करने की ज़रूरत नहीं है। कौन ऐसा है जिसे जीवन में कुछ न कुछ ये अनुभूतियां न हुई हों। लेकिन जिस सफलता से 'मीर' ने इन भावों का चित्रण किया है वह औरों के बस का रोग नहीं है। उनके हर शेर से, हर मिसरे से, हर शब्द और शब्दों की तरतीब से करुणा की तानें उठती हैं। इसलिए

उनके शेर पढ़िए और उनकी कसक का आनंद लीजिए। मुख्य पुस्तक में तो ये शेर मिलेंगे ही, यहां भी नमूने के तौर पर दो-चार शेर दिये जाते हैं जिन से 'मीर' की तबीयत का अंदाज़ा हो जाएगा :

हम 'मीर' तेरा मरना क्या चाहते थे लेकिन
रहता है हुए बिन कब जो कुछ कि हुआ चाहे

अहदे-जवानी रो-रो काटा, पीरी में लीं आँखें मूंद
यानी रात बहुत जागे थे, सुबह हुई आराम किया

यूँ उठे आह उस गली से हम
जैसे कोई जहाँ से उठता है

करो तवक्कुल कि आशिक़ी में न यूँ करोगे तो क्या करोगे
जो यह अलम है तो दर्दमंदो! कहां तलक तुम दवा करोगे

सिरहाने 'मीर' के कोई न बोलो
अभी टुक रोते-रोते सो गया है

कहता था किसू से कुछ तकता था किसू का मुंह
कल 'मीर' खड़ा था या सच है कि दिवाना था

आँखें पथराईं, छाती पत्थर है
वह ही जाने जो इंतज़ार करे

शुद्ध करुणा के अतिरिक्त 'मीर' के यहां कुछ और भी विषय हैं, यथा तसव्वुफ़ (सूफ़ी दर्शन), प्रेमी का आत्मविश्वास, और कुछ विषय भी। लेकिन ये सब उनके मुख्य विषय—दुख और करुणा—से इतने दब गए हैं कि उनकी व्याख्या करना व्यावहारिक दृष्टि से बेकार है।

'मीर' की भाषा

'मीर' की भाषा के बारे में भी दो शब्द कह देने ज़रूरी हैं। 'मीर' के ज़माने की उर्दू आज की उर्दू से कुछ भिन्न थी। व्याकरण की दृष्टि से क्रियाओं के बहुवचन आज से कुछ भिन्न दिखाई देते हैं, जैसे आतीं-जातीं की बजाय आतियां-जातियां। अक्सर जगह 'ने' का प्रयोग उड़ा दिया जाता था जैसे "इक रोग मैं बिसाहा जी को कहां लगाया।" कुछ शब्दों के लिंग-भेद में भी आज से अंतर है, जैसे 'जान'

को पुल्लिंग करके प्रयोग करना—"जान अपना जो हमने मारा था।" 'ने' के पहले 'उन्हों' की बजाय 'उन' का प्रयोग वे धड़ल्ले से करते हैं—"तेज़ पंजा किया न उनने कभू।" 'पास' के पहले 'के' का प्रयोग ज़रूरी नहीं था, जैसे "था कुत्ते का बच्चा दरवेश पास।" इसी तरह के कुछ और प्रयोग हैं जो 'मीर' के ज़माने की भाषा में पाये जाते हैं लेकिन आजकल निषिद्ध हैं।

व्याकरण के प्रयोगों में भिन्नता के साथ ही उस ज़माने में कुछ शब्द बहुत अधिक प्रचलित थे जो आज प्रयोग में नहीं लाये जाते, जैसे 'ज़रा' की बजाय 'टुक', 'पास' की बजाय 'कने', 'आ' की जगह 'आन', 'किसी' की बजाय 'किसू', 'कभी' की बजाय 'कभू', 'को' की बजाय 'तईं' और इसी तरह के बीसियों दूसरे शब्द हैं जिनका चलन 'मीर' के ज़माने में बहुतायत से होता था।

अट्ठारहवीं शताब्दी की उर्दू में हिन्दी शब्दों का प्रयोग बहुतायत से मिलता है। उर्दू के पहले प्रमुख कवि वली के ज़माने (सत्रहवीं शताब्दी के अन्त) में तो प्रियतम के लिए 'साजन', 'मोहन' आदि का भी प्रयोग होता था जो 'मीर' के ज़माने में छोड़ दिया गया, फिर भी 'मीर' के ज़माने में सैकड़ों हिन्दी शब्द ऐसे प्रयुक्त होते थे जिन्हें बाद में उर्दू में छोड़ दिया गया। ख़ास तौर से 'मीर' ने अपनी करुणा की अभिव्यक्ति के लिए हिन्दी के कोमल शब्दों को डटकर प्रस्तुत किया है। 'कुढब', 'दोष', 'नगर', 'बचन', 'अचपल', 'वासन', 'बान', 'भसम', 'जोग', 'सुमरन', 'निपट', 'संसार', 'गुन', 'स्वर', 'अनमना' आदि सैकड़ों शब्द हैं जिन्हें 'मीर' ने अपने समकालीन कवियों की अपेक्षा भी अधिक प्रयोग किया है और बड़ा सफल प्रयोग किया है।

'मीर' भावों के क्षेत्र में तो अपनी मिसाल आप हैं ही, साथ ही भाषा के बनाने में भी उन्होंने काफ़ी योग दिया। पुराने प्रयोगों को उन्होंने बहुत कुछ काटा-छाँटा और नये प्रयोग भी किये। इनमें एक प्रयोग फ़ारसी मुहावरों को उर्दू में अनूदित करके लेने की कोशिश भी है। उदाहरण के लिए, फ़ारसी में 'बू करदन', सूँघने को कहते हैं। 'मीर' ने इसे 'वास करना' की सूरत में ले लिया। उनका शेर है :

गुल को महबूब हम कयास किया
फ़र्क़ निकला बहुत जो वास किया

इसी तरह फ़ारसी का एक मुहावरा है 'तू गोई'। इसका इस्तेमाल बात में ज़ोर पैदा करने के लिए किया जाता है। इसका प्रयोग इसी तरह होता है जैसे हम लोग कहते हैं 'समझे आप?' मीर ने 'तू गोई' को 'तू कहे' या 'कहे तू' करके लेने की कोशिश की है। उदाहरणार्थ यह शे'र देखिए :

अब कोफ़्त से हिजरां की जहां दिल पे रखा हाथ
जो दर्दो-अलम था सो कहे तू कि यहीं था

इसमें कोई शक नहीं कि 'मीर' के इन प्रयोगों में से बहुत से प्रयोग बाद में असफल सिद्ध हुए, फिर भी भाषा के विकास की दृष्टि से इन प्रयोगों का बहुत बड़ा महत्त्व है।

इसके साथ ही 'मीर' ने उर्दू के स्थानीयकरण का भरसक प्रयास किया। उनकी मस्नवियों आदि में तो स्थानीय कथाएं स्थानीय रंग में दिखाई ही देती हैं, ग़ज़लों में भी, जहां स्थानीयकरण की ज़्यादा गुंज़ाइश नहीं होती है, उन्होंने भारतीय कथाओं आदि का सहारा (अपने ढंग से) लेने की कोशिश की। उदाहरणार्थ निम्नलिखित शे'र देखिए :

आतिशे-इश्क़ ने रावन को जलाकर मारा
गर्चे लंका सा था उस देव का घर पानी में

सुब्हे-चमन का जल्वा हिन्दी बुतों में देखा
संदल भरी जबीं है होंटों की लालियाँ हैं

'मीर' चाहते थे कि भारतीय आधार-भूमि में ईरानी ढंग को अपनाकर एक स्वस्थ स्थानीय साहित्य की रचना की जाय। एक शे'र में कहते हैं :

तबईयत में फ़ारसी के जो मैंने हिन्दी शे'र कहे
सोर तुरुक बचे ज़ामिल अब पढ़ते हैं ईरान के बीच

उर्दू के विकास के बाद में अट्ठारहवीं शताब्दी में जो फ़ारसीकरण की राह पकड़ी उसने 'मीर' के इस सत्प्रयत्नों को लगभग बेकार-सा कर दिया, लेकिन आज की स्थिति में यह देखना मुश्किल नहीं है कि मीर की राह ही सही राह थी।

मीर की रचनाएँ

मीर ने लम्बी ज़िन्दगी पाई और सारी ज़िन्दगी काव्य-साधना के अतिरिक्त और कुछ भी न किया। फलस्वरूप उनकी रचनाओं की संख्या और मात्रा बहुत अधिक है। नीचे इनका कुछ परिचय दिया जा रहा है :

(1) मीर के कुल्लियात में 6 बड़े-बड़े दीवान ग़ज़लों के हैं। इनमें कुल मिलाकर 1839 ग़ज़लें (लगभग चौदह हज़ार शे'र) और 83 फुटकर शे'र हैं। इनके अलावा पाठ क़सीदे, 31 मस्नवियाँ, कई हजवें (निंदात्मक कविताएं), 103 रुबाइयाँ, तीन

शिकारनामे आदि बहुत-सी कविताएं हैं। कुछ वासोख़्त (उपालंभ-काव्य) भी हैं। इस कुल्लियात का आकार बहुत बड़ा है।

(2) इसके अतिरिक्त एक दीवान फ़ारसी का है जो दुर्भाग्यवश अभी तक अप्रकाशित है।

(3) कई मसिए भी लिखे हैं जो अपने ढंग से अनूठे हैं।

(4) एक पुस्तक फ़ारसी में 'फ़ैज़े-मीर' के नाम से लिखी है। इसमें अंत में कुछ हास्य-प्रसंग और कहानियां हैं। इनमें कुछ काफ़ी अश्लील हैं और इनसे तत्कालीन समाज की रुचि का अनुमान किया जा सकता है।

(5) फ़ारसी ही में उर्दू शायरों की एक परिचय-पुस्तक 'नुकातुश्शोअरा' है जिसमें अपने पूर्ववर्ती और समकालीन कवियों का उल्लेख किया है।

(6) आत्म-चरित 'ज़िक्रे-मीर' फ़ारसी में लिखा है। इस में अपने साहित्य पर प्रकाश नहीं डाला है बल्कि अपने निजी जीवन की घटनाओं के साथ ही तत्कालीन राजनीतिक उथल-पुथल और लड़ाइयों का उल्लेख है। इस पुस्तक का इतिहास के दृष्टिकोण से भी महत्त्व है।

फ़ारसी दीवान को छोड़कर उपर्युक्त सभी पुस्तकें प्रकाशित हो गई हैं। किन्तु सामान्यतः इस समय भारत के बाज़ारों में प्राप्य नहीं हैं। यहां तक कि उर्दू कुल्लियात भी पुस्तकालयों के अलावा कहीं देखने को नहीं मिलता।

—प्रकाश पंडित

ग़ज़लें

1

था मुस्तआर[1] हुस्न से उसके जो नूर था
ख़ुर्शीद[2] में भी उसका ही ज़र्रा[3] ज़हूर[4] था
पहुंचा जो आप[5] को तो मैं पहुंचा ख़ुदा के तईं
मालूम यह हुआ कि बहुत मैं भी दूर था
कल पाँव एक कासा-ए-सर[6] पर जो आ गया
यकसर वो उस्तख़्वान[7] शिकस्तों[8] से चूर था
कहने लगा कि देख के चल राह, बेख़बर!
मैं भी कभू किसू का सरे-पुर-ग़रूर था
था वह तो रश्के-हूरे-बहिश्ती[9] हमीं में 'मीर'
समझे न हम तो फ़हम[10] का अपनी क़सूर था

2

उल्टी हो गईं तदवीरें, कुछ न दवा ने काम किया
देखा, इस बीमारि-ए-दिल ने, आख़िर काम तमाम किया
अह्दे-जवानी[11] रो-रो काटा, पीरी[12] में लीं आँखें मूँद
यानी रात बहुत थे जागे, सुबह हुई आराम किया
नाहक हम मजबूरों पर, यह तोहमत है मुख़्तारी[13] की
चाहत हैं सो आप करे हैं, हम को अबस[14] बदनाम किया
सारे रिंद, औबाश[15] जहाँ के, तुझसे सुजूद[16] में रहते हैं
बाँये, टेढ़े, तिरछे, तीखे, सबका तुझको इनाम[17] किया
सरज़द[18] हम से बे अदबी तो बहशत[19] में भी कम ही हुई
कोसों उस की ओर गये, पर सिज़्दा हर हर गाम[20] किया

---

1. उधार लिया हुआ, 2. सूर्य, 3. किंचित, 4. प्रकट होना, 5. स्वयं, 6. खोपड़ी, 7. हड्डी, 8. चोटों, 9. हूर को लजाने वाला प्रियतम (ईश्वर), 10. समझ, 11. जवानी का दौर, 12. बुढ़ापा, 13. आज़ादी, 14. बेकार, व्यय, 15. लंपट, आवारा, 16. नत मस्तक, 17. अगुवा, 18. होना, 19. घबराहट, 20. क़दम क़दम पर

किसका काबा, कैसा क़िब्ला[1], कौन हरम[2] है, क्या एहराम[3]
कूचे के उसके, वाशिन्दों ने, सब को यहीं से सलाम किया
याँ के सुपैदो सिखह में हम को, दख़्ल जो है सो इतना है
रात को रो-रो सुबह किया, या दिन को ज्यूँ त्यूँ शाम किया
सुबह, चमन में, उसको, कहीं तकलीफ़े हवा[4] ले आई थी
रुख[5] से गुल को मोल लिया, क़ामत[6] से सर्व ग़ुलाम किया
साइदे-सीमीं[7] दोनों उसके, हाथ में लाकर छोड़ दिये
भूले उसके क़ौसो-क़सम पर, हाय ख़्याले-ख़दम[8] किया
काम हुए हैं, सारे ज़ाया, हर साअत्त[9] की समाजद[10] से
इस्तिग़्ना[11] की चौगुनी उसने, ज्यूँ-ज्यूँ मैं इब्राम[12] किया
ऐसे आहु-ए-रमख़ुदी की वहशत[13] खोनी मुश्किल थी
सेहर[14] किया, एजाज़[15] किया, जिन लोगों ने तुझको राम[16] किया
मीर के दीनो-मज़्हब को, अब पूछते क्या हो, उनने तो
क़श्क़ा[17] खैंचा, दैर[18] में बैठा, कब का तर्क[19] इस्लाम किया

3

जिस सर को ग़ुरूर आज है, याँ ताजवरी[20] का
कल उस पे' यहीं शोर है, फिर नौहागरी[21] का
आफ़ाक़[22] की मंज़िल से रहया कौन सलामत
अस्बाब लुटा राह में, याँ हर सफ़री[23] का
ज़िंदाँ में भी, शोरिश व गई अपने जुनूँ की[24]
अब संग मुदाबा है[25], इस आशुफ़्तासही[26] का
हर ज़ख़्मे-जिगर, दावरे-महपार से[27], हमारा
इंसाफ़तलब है तिरी बेदादगरी[28] का
अपनी तो जहाँ आँख लड़ी, फिर वहीं देखो

---

1. जिस दिशा में सिज्दा किया जाता है, 2. मस्जिद, 3. हाजी के वस्त्र, 4. हवा खोरी, 5. चेष्टा, 6. क़द, 7. चांदी जैसी कलाइयां, 8. भूल करना, 9. घड़ी, पल, 10. खुशामद, 11. नखरे करना, इन्कार, 12. अनुरोध, 13. भागते हुए हिरन का लोगों को देख कर भड़कना, 14. जादू, 15. चमत्कार, 16. वश में किया, 17. तिलक, 18. मंदिर, 19. छोड़ना, व्यायन्य 20. ताज पहनने, बादशाहत, 21. मृत्यु के समय व्यक्त किया जाने वाला शरेक, 22. दुनिया, संसार, 23. यात्री, राहगीर, 24. क़ैदखाने में भी मेरे पागलपन यानी जुनून का शोर ख़त्म न हुआ, 25. पत्थर इलाज है, 26. जुनून या पागलपन का, 27. खुदा, 28. अन्याय, अत्याचार

आईने को लप्का है, परीशाँ नज़री[1] का
ले साँस भी आहिस्ता, कि नाज़ुक है बहुत काम
आफ़ाक़ की, इस कारगहे-शीशागरी का[2]
टुक मीरे-जिगर सोख़्ता[3] की ज़ल्द खबर ले
क्या यार भरोसा है चिराग़े-सहरी का[4]

4

मुँह तका ही करे है जिस-तिस का
हैरती[5] है ये आहना किस का
शाम से कुछ बुझा सा रहता है
दिल हुआ है चिराग़ मुफ़लिस[6] का
फ़ैज़ ऐ अब्र, चश्मे-तर से उठा[7]
आज दामन[8] वसीअ[9] है इसका
ताब[10] किसको जो हाले-'मीर' सुने
हाल ही और कुछ है मजलिस[11] कह

5

जब जुनूं से हमें तवस्सुल[12] था
अपनी ज़ंजीरे-पाई[13] ही का ग़ुल था
बिस्तारा था चमन में ज्यूं बुलबुल
नाला सरमाया-ए-तवक्कुल[14] था
इक निगाह को वफ़ा न की, गोया
मौसमे-गुल[15] सफ़ीरे-बुलबुल[16] था
उनने पहचान कर हमें मारा
मुंह न करना इधर, तजाहुल[17] था
शहर में जो नज़र पड़ा, उसपर

---

1. बदहवासी, नज़र की परेशानी, 2. दुनिया के, इस शीशा के कारखाने का, 3. जले हुए जिगर वाले 'मीर' की, 4. सुबह के अर्थात् बुझते हुए दीपक का 5. चकित, 6. ग़रीब याने निर्धन का दीपक, 7. आंसुओं से तर आंखों से उठे ऐ बादल, तेरा उठना लाभदायक है, 8. कुरते का निचला लटकता हुआ हिस्सा, आंचल, मैदान, 9. फैला हुआ, 10. धैर्य, शक्ति, 11. बैठक, गोष्ठी, 12. सम्बन्ध, 13. पांव में ज़ंजीर ही का, 14. संतोष की पूंजी, 15. बहार, 16. बुलबुल का दूत, 17. जानबूझ कर अनजान बनना

कुश्ता-ए-नाज़ या तग़ाफ़लु था[1]
अब तो दिल को न ताब है न क़रार
यादे-अय्याम[2] जब तहम्मुल[3] था
ख़ूब दरयाफ़्त जो किया हमने
वक़्ते-ख़ुश[4] 'मीर' न कहते-गुल[5] था

6

हमारे आगे तेरा जब किसू ने नाम लिया
दिले-सितमज़दा को[6] हमने थाम-थाम लिया
ख़राब रहते थे मसजिद के आगे मैख़ाने
निगाहे-मस्त ने साक़ी की इन्तक़ाम[7] लिया
वो कल रविश[8] न मिला रास्ती में मुझसे कभू
व सीधी तरह से उनने मिरा सलाम लिया
मेरे सलीक़े से मेरी निभी मुहब्बत में
तमाम उम्र मैं नाकामियों[9] से काम लिया
अगर्चे गोशा-गुज़ों[10] हूँ मैं शायरों में 'मीर'
पे मेरे शोर न रूए-ज़मीं[11] तमाम लिया

7

मेहर[12] की तुझसे तवक़्क़ो[13] थी, सितमगर निकला
मोम समझे तेरे दिल को सो पत्थर निकला
दाग़ हूँ रश्के-मोहब्बत[14] से, कि इतना बेताब
किसकी तस्कीं[15] के लिए घर से हूँ बाहर आया
जीते जी, आह, तेरे कूचे से कोई न फिरा
जो सितम-दीदा[16] रहा जाके सो मर कर निकला
दिल की आबादी की इस हद है ख़राबी कि न पूछ
जाना जाता है कि इस राह से लश्कर निकला

---

1. नाज़ कर मारा हुआ या असावधान था, 2. (उन) दिनों की याद (आती है) 3. सहनशीलता, 4. अच्छा समय, 5. फूल की खुशबू, 6. सताए हुए हृदय को, 7. बदला, 8. टेढ़ी चाल चलने वाला, 9. असफलताओं, 10. एकांत-वासी, 11. पृथ्वीतल 12. कृपा, 13. आशा, 14. प्रेम-ईर्ष्या, 15. तृप्ति, 16. दुखी

8

आलम में कोई दिल का तलबगार न पाया
इस जिंस का यां हमने ख़रीदार न पाया
हक़[1] ढूंढने का आपको आता नहीं वरना
आलम है सभी यार कहां यार न पाया
सूराख़ है सोने में हर इक शख़्स .के तुझ से
किस दिल के तेरा तीरे-निगह पार न पाया
आईना भी हैरत से मुहब्बत की हुए हम
पर सेर[2] हो उस शख़्स का दीदार न पाया
वह खैंच के शमशीरे-सितम रह गया जो 'मीर'
खूंरेज़ी[3] का यां कोई सज़ावार[4] न पाया

9

जीते जी कूचा-ए-दिलदार से जाया न गया
उसकी दीवार का सर से मिरे साया न गया
गुल गें उसकी सी जो बू आई तो आया न गया
हम को बिन दोशे-सबा[5], बाग से जाया न गया
दिल में रह दिल में, कि मेयारे-क़ज़ा[6] से अब तक
ऐसा मतबूझ[7] मकाँ कोई बनाया न गया
क्या तुनुक हौसला थे दीदा-ओ अपने, आह
एक दम राज़ मुहब्बत का छुपाया न गया
मह[8] ने आ सामने शब याद दिलाया था उसे
फिर वो ता सुबह[9] मिरे जी से भुलाया न गया
गुल ने हरचंद कहा, बाग़ में रह, पर उस दिन
जी जो उचटा, तो किसी तरह लगाया न गया
सरनशीने-रहे-मैखाना हूँ[10], मैं क्या जानूं
रस्मे-मस्जिद के तईं[11], शैख़, कि आया न गया
शहरे-दिल, आह, अजब जाय[12] थी, पर उसके गये
ऐसा उजड़ा कि किसी तरह .बसाया न गया

---

1. अधिकार, 2. जी भर कर, 3. ख़ून बहाना, 4. पात्र 5. हवा का कंधा, 6. दुनिया के बनाने वाले से, 7. दिलपसंद, 8. चांद, 9. सुबह तक, 10. मैख़ाने की राह में बैठा हूं, 11. मस्ज़िद की रीति या रस्म के अनुसार, 12. जगह

ज़ेरे-शम्शीरे-सितम[1], मीर, तड़पना कैसा
सर भी तस्लीमे-मुहब्बत[2] में हिलाया न गया

10

बारहा[3] गोर[4] दिल झंका लाया
अबकी शर्ते-वफ़ा वजा लाया
क़द्र रखती न थी मताअ़-ए-दिल[5]
सारे आ़लम में मैं दिखा लाया
दिल कि इक क़तरा ख़ूं नहीं है बेश
एक आलम के सर बला लाया
इब्तदा[6] ही में मर गये सब यार
इश्क़ की कौन इन्तहा[7] लाया
अब तो जाते हैं बुतकदे[8] से 'मीर'
फिर मिलेंगे अगर ख़ुदा लाया

11

कब तलक यह सितम उठाइएगा?
एक दिन यूं ही जी से जाइएगा
शक्ले-तस्वीरे-बेख़ुदी[9] कब तक?
किसू दिन आप[10] में भी आइएगा?
सब से मिल चल कि हादसे[11] से फिर
कहीं ढूंढा भी तो न पाइएगा
कहिएगा उससे क़िस्सा-ए-मजनूं
यादी परदे में ग़म सुनाइएगा
शरकते-शैख़ो-बरहमन[12] से 'मीर'
काबा-ओ-दैर[13] से भी जाइएगा

---

1. सितम की तलवार के नीचे, 2. प्रेम-अभिवादन 3. कई बार, 4. क़ब्र, 5. हृदय-रूपी पूंजी, 6. प्रारम्भ, 7. अंत, 8. मंदिर 9. आत्म-विस्मृति की तस्वीर बने हुए, 10. अपने, 11. संयोग, 12. शैख़ और ब्राह्मण को साथ लेना, 13. काबा और मंदिर

12

ग़म रहा जब तक कि दम में दम रहा
दिल के जाने का निहायत ग़म रहा
दिल न पहुंचा गोश-ए-दामां[1] तलक
क़तरा-ए-ख़ूं था मिज़ा[2] पर जम रहा
जामा-ए-एहरामे-ज़ाहिद[3] पर न जा
था हरम[4] में लेक[5] नामहरम[6] रहा
मेरे रोने की हक़ीकत जिसमें थी
एक मुद्दत तक वो काग़ज़ नम रहा
सुबहे-पीरी[7], शाम होने आई मीर
तू न चेता, याँ बहुत दिन कम रहा

13

जो इस शोर से 'मीर' रोता रहेगा
तो हमसाया[8] काहे को सोता रहेगा
मुझे काम रोने से अक्सर है, नासेह[9]
तू कब तक मेरे मुंह को धोता रहेगा
बस ऐ गिरिया[10] आँखें तेरे क्या नहीं हैं
तू कब तक जहाँ को डुबोता रहेगा
मेरे दिल ने वह नाला[11] पैदा किया है
जरस[12] के भी जो होश खोता रहेगा
बस ऐ 'मीर' मिज़गां[13] से पोंछ आँसुओं को
तू कब तक ये मोती पिरोता रहेगा

14

लज़्ज़त से नहीं ख़ाली जानों का खपा जाना
कब ख़िज़्रो-मसीहा[14] ने जीने का मज़ा जाना

---

1. दामन का कोना, 2. पलक, 3. कर्मकांडी मुसलमानों द्वारा काबे में पहना जाने वाला बग़ैर सिला पवित्र वस्त्र, 4. काबा, 5. किन्तु, 6. (ईश्वरीय रहस्य से) अनभिज्ञ, 7. बुढ़ापे की सुबह 8. पड़ोसी, 9. उपदेशक, 10. रोने वाले, 11. पुकार, 12. घंटा, 13. पलकों से, 14. हज़रत ख़िज़्र और ईसा मसीह अमर माने गये हैं

कब बंदगी[1] मेरी सी बंदा करेगा कोई
जाने है ख़ुदा उसको मैं तुझको ख़ुदा जाना
था नाज़ बहुत हमको दानिस्त[2] पर अपनी भी
आख़िर वो बुरा निकला हम जिसको भला जाना
ऐ शोरे-क़यामत[3] हम सोते ही न रह जाएं
इस राह से निकलो तो हमको भी जगा जाना
जाती है गुज़र जी पर उस वक़्त क़यामत सी
याद आवे है जब तेरा यक-बारगी आ जाना

15

वो तुर्के-मस्त[4] किसू की ख़बर नहीं रखता
कि मैं शिकारे-ज़बूँ[5] हूँ, जिगर नहीं रखता
जिन्हों के दम में है तासीर और हैं वे लोग
हमारा नालाए-जांकाह[6] असर नहीं रखता
ख़ुदा की ओर से यह एतबार है वरना
जो खूब देखो तो मैं कुछ हुनर नहीं रखता
जुदा जुदा फिरे है 'मीर' सब से किस ख़ातिर
ख़याल मिलने का उसके अगर नहीं रखता

16

नागह[7] जो वह सनम सितम-ईजाद[8] आ गया
देखे से तौर उसके ख़ुदा याद आ गया
फोड़ा था सर तो हमने भी पर इसको क्या करे
जो चश्मे-रोज़गार[9] में फ़रहाद आ गया
अपना भी क़स्द[10] था सरे-दीवारे-बाग़ का
तोड़ा ही था क़फ़स[11] को कि सय्याद[12] आ गया
जौरो-सितम उठाने ही उसके पड़ेंगे शैख़
मसजिद में गर वो आशिक़े-बेदाद[13] आ गया
देखेंगे आदमी की रविश 'मीर' हम तेरी
गर सामने से टुक वो परीज़ाद आ गया

1. उपासना, 2. समझ, 3. प्रलय-नाद 4. बेपरवाह प्रियतम, 5. कमजोर शिकार, 6. तीव्र सदन, 7. अचानक, 8. निष्ठुर, 9. दुनिया की आंख, 10. इरादा, 11. पिंजरा, 12. बहेलिया, शिकारी, 13. निष्ठुरता-प्रेमी

17

क्या कहें कुछ कहा नहीं जाता
अब तो चुप भी रहा नहीं जाता
ताक़ते-दिल तलक तअ़ब[1] खैंचे
अब सितम तक सहा नहीं जाता
उस दुरे-तर[2] का हैराती[3] है बहर[4]
तब तो उससे बहा नहीं जाता
कब तिरी रह[5] में 'मीरे' गर्द-आलूद[6]
लोहू में आ नहा नहीं जाता

18

बँधा रात आँसू का कुछ तार सा
हुआ अब्रे-रहमत[7] गुनहगार सा
कोई सादा[8] ही उसको सादा कहे
लगे हैं हमें तो वो ऐय्यार[9] सा
मुहब्बत है या कोई जी का है रोग
सदा मैं तो रहता हूँ बीगार सा
जो ऐसा ही तुम हमको समझो हो सहल
हमें भी ये जीना है दुश्वार सा
मगर[10] आँख तेरी भी चिपकी कहीं
टपकता है चितवन से कुछ प्यार सा
नहीं 'मीरे'-मस्ताना सोहबल का बाब[11]
मुसाहिब करो कोई हुशियार सा

19

ऐ नुकीले, ये थी कहाँ की अदा
खुब गई जी में तेरी बाँकी अदा
जादू करते हैं इक निगाह के बीच

---

1. रंज, 2. पानीदार मोती, 3. प्रेममग्न, 4. समुद्र, 5. राह, 6. धूल से लिथड़ा 'मीर', 7. दैवी कृपा का बादल, 8. मूर्ख, बोदा, 9. चालाक, जासूस, 10. लेकिन, शायद, 11. उपयुक्त, काबिल

हाय रे चश्मे-दिलबराँ[1] की अदा
बात कहने में गालियाँ दे है
सुनते हो मिरे बदज़बाँ की अदा
दिल-चले जाय है ख़राम[2] के साथ
देख चलते में इन बूताँ[3] की अदा
ख़ाक में मिल के 'मीर' हम समझे
बे अदाई थी आसमां की अदा

20

क्या काम किया हमने, यूँ दिल न लगाना था
इस जान की जोखों को, उस वक़्त न जाना था
हर आन थी सरगोशी[4] या बात नहीं गाहे[5]
औक़ात[6] है इक यह भी, इक वो भी ज़माना था
क्यूँकर गली से उसकी मैं उठके चला जाता
या ख़ाक में मिलना था, लोहू में नहाना था
जब तूने नज़र फेरी, तब जान गई उसकी
मरना तिरे आशिक़ का, मरना कि बहाना था
कहता था किसू से कुछ, तकता था किसू का मूँ
कल 'मीर' खड़ा था याँ, सच है कि दिवाना था

21

इश्क़ क्या क्या आफ़तें लाता रहा
आख़िर अब दूरी से जी जाता रहा
दिल हुआ कब इश्क़ की रह का दलील[7]
मैं तो खुद गुम ही इसे पाता रहा
मूँ दिखाता बरसों वह खुशरु[8] नहीं
चाह का यूँ कब तलक नाता रहा
कुछ न मैं समझा जुनूनों इश्क़ में
देर नासेह[9] मुझको समझाता रहा

---

1. दिलबरों की आंख, 2. चाल, गति, 3. माशूक़ (बहुवचन) 4. कानाफूसी, कनबतियां, 5. कभी, 6. वक़्त का बहुवचन, दौर, 7. राह दिखाने वाला, 8. खुशचेहरा, खूबसूरत, 9. उपदेश देने वाला

कैसे कैसे रुक गये हैं 'मीर' हम
मुद्दतों मुँह तक जिगर आता रहा

22

चाहत का इज़्हार[1] किया, सो अपना काम ख़राब हुआ
इस पर्दे के उठ जाने से, उसको हमसे हिजाब[2] हुआ
क्या कहिए महताब में शब की[3] वह भी टुक आ बैठा था
ताबे-रुख़ इस मह ने देखी[4], सौ दर्जा बेताब हुआ
शमा जो आगे शाम को आई, इश्क़ से जल कर ख़ाक हुई
सुबह गुले-तर सामने होकर, जोशे-शर्म से आब हुआ[5]
मरते न थे हम इश्क़ के रफ़्ता[6] बे कफ़नी से, यानी 'मीर'
देर मयस्सर[7] इस आलम में मरने का असबाब[8] हुआ

23

सुखन मुश्ताक़[9] है आलम हमारा
ग़नीमत है जहाँ में दम हमारा
रहे हम आलमे-मस्ती में अक्सर
रहा कुछ और ही आलम हमारा
बहुत ही दूर हमसे भागते हो
करो हो पास[10] कुछ तो कम हमारा
बिखर जाते हैं कुछ गेसू तुम्हारे
हुआ है कामे-दिल बरहम[11] हमारा
रखे रहते हैं दिल पर हाथ, ऐ 'मीर'
यही शायद कि है सब ग़म हमारा

24

जब रफ़्तनी[12] को इश्क़ का आज़ार[13] हो गया
दो चार दिन में बरसों का बीमार हो गया

1. व्यक्त या प्रकट करना, 2. पर्दा, 3. चांदनी रात में, 4. इस चेहरे की चमक चांद ने देखी, 5. दिल को राहत पहुंचाने वाला फूल, यानी माशूक़, सुबह जब सामने आया तो बेहद शर्म से पानी-पानी हो गया, 6. विगत प्रेम, 7. सुलभ, 8. सामान 9. कविता का प्रेमी, 10. संकोच, 11. दिल की ख़्वाहिश बिखरी हुई है, 12. जाने वाला, मरने वाला, 13. बुखार

निस्बत[1] बहुत गुनाहों की मेरी तरफ़ हुई
नाकर्दा जुर्म[2] मैं तो गुनहगार हो गया
दिल ले के मिरी जान का दुश्मन हुआ निदान
जिस बेवफ़ा से अपने तईं प्यार हो गया
क्या जुर्म था किसू पे' न मालूम कुछ हुआ
जो 'मीर' कुश्तो-ख़ूँ का[3] का सज़ावार हो गया

25

हर जीहयात[4] का, है सबब जो हयात का
निकले है जी उसी के लिए, कायनात का
बिखरे है जुल्फ़ उस रुख़े-आलम फ़रोज़[5] पर
वर्ना बनाव होवे न दिन और रात का
उसके फ़रोग़े-हुस्न से[6], झमके है सब में नूर
शम्-ए-हरम[7] हो या कि दिया सोमनाथ का
क्या 'मीर' तुझको नामासियाही[8] की फ़िक्र है
ख़त्मे-रुसुल सा शख़्स है, ज़ामिन नजात का[9]

26

मेरे मालिक ने, मिरे हक़ में, यह एहसान किया
ख़ाके-नाचीज़[10] था मैं, सो मुझे इंसान किया
मुझको शा'इर न कहो 'मीर', कि साहब मैंने
दर्दो-ग़म कितने किये जमा, तो दीवान किया

27

लुत्फ़ अगर यह है बुताँ, संदले-पेशानी का
हुस्न क्या, सुबह के फिर चेहरा-ए-नूरानी का[11]
कुफ़्र[12] कुछ चाहिए इस्लाम की रौनक के लिए

---

1. लगाव, 2. बिना अपराध के, 3. जान से मारने का 4. जीवित लोग, 5. दुनिया को अपनी रोशनी से चमका देने वाला चेहरा, 6. ख़ूबसूरती की आभा, 7. काबे का चिराग़, 8. कर्मलेखे पर अंकित बुरे काम, 9. नजात यानी मुक्ति की गारंटी देने वाला शख़्स आखिरी रसूल अर्थात् हज़रत मुहम्मद जैसा है, 10. तुच्छ व्यक्ति 11. ऐ मूर्तियो (सुंदरियो), अगर माथे का यह चंदन आनंद देने वाला है, तो फिर सुबह के नूरानी चेहरे की सुंदरता क्या है? 12. धर्म-विरोध

हुस्न, जुन्नार[1] है, तस्बीहे-सुलेमानी[2] का
दरहमी हाल[3] की है, सारे मिरे दीवाँ[4] में
सैर कर तू भी, ये मज्मूआ[5] परीशानी का
खेल लड़कों का समझते थे मुहब्बत के तईं
है बड़ा हैफ़[6] हमें अपनी भी नादानी का
उसका मुंह देख रहा हूँ, सो वही देखूँ हूँ
नक़्श का सा है समां[7], मेरी भी हैरानी का
बुतपरस्ती[8] को तो इस्लाम नहीं कहते हैं
मोतक़िद[9] कौन है 'मीर', ऐसी मुसलमानी का

28

इस अहद[10] में इलाही, मोहब्बत को क्या हुआ
छोड़ा वफ़ा को उनने, मुरव्वत को क्या हुआ
उम्मीदवारे वादा-ए-दीदार[11] मर चले
आते ही आते यारो, क़यामत[12] को क्या हुआ
बख़्शिश ने, मुझको, अब्रे-करम की किया खजिल
ऐ चश्म, जोशे-अश्के-नदामत को क्या हुआ[13]
जाता है यार तेग़ बकफ़[14] ग़ैर की तरफ़
ऐ कुश्ता-ए-सितम[15], तिरी ग़ैरत का क्या हुआ

29

ता गोर के ऊपर[16] वो गुल अंदाग[17] न आया
हम ख़ाक के आसूदों को[18] आराम न आया
बेहोशे-भये-इश्क़ हूँ[19], वन्या मेरा भरोसा
आया जो बखुद[20] सुबह, तो मैं शाम न आया

---

1. जनेऊ, 2. सुलेमानी सुमिरनी, 3. मौजूदा ज़िंदगी की अस्त-व्यस्तता, 4, 5, काव्य-संग्रह वादा, 6. अफ़सोस, 7. तस्वीर के जैसा दृश्य है, 8. मूर्तिपूजा, 9. श्रद्धालु 10. दौर, ज़माना, 11. जिन्हें दीदार, यानी दर्शन देने का वादा दिया गया था, 12. प्रलय, माशूक़ का आगमन, 13. दया के बादल की बख़्शीश (दान) ने मुझे शर्मिंदा किया। ऐ आँख, प्रायश्चित के आंसुओं के उफ़ान को क्या हुआ?, 14. हाथ में तलवार लिये हुए, 15. सितमज़दा, अत्याचार का मारा हुआ 16. जब तक क़ब्र के ऊपर 17. फूलबदन, गुलबदन, 18. मिट्टी में सोये पड़े लोगों को, 19. इश्क़ की शराब से बेहोश हूं, 20. होश में

किस दिल से तिरा तीरे-निगह पार न गुज़रा
किस जान को यह मर्ग का पैग़ाम[1] न आया
देखा न उसे दूर से भी मुंतज़िरों[2] ने
वो रश्के-महे-ईद, लबे-बाय न आया[3]
अब के जो तिरे कूचे से जाऊँगा, तो खुनियो
फिर जीते जी इस राह वो बदनाम न आया
ने ख़ून की आँखों से बहा, टुक न हुआ दाग़
अपना तो ये दिल, 'मीर', किसू काम न आया

30

सुना है हाल तिरे कुश्तगाँ बिचारों का[4]
हुआ न गोर गढ़ा[5] उन सितम के मारों का
हज़ार रंग खिले गुल चमन के हैं शाहिद[6]
कि रोज़गार के सर[7] ख़ून है हज़ारों का
मिला है ख़ाक में किस किस तरह का आलम याँ
निकल के शहर से टुक सैर कर मज़ारों का
करे हैं दावा-ए-ख़ुशचश्मी, आहुवाने-दश्त[8]
टुक एक देखने चल मुल्क उन गवाँरों का
तड़प के मरने से दिल के, कि मग़्फ़िरत हो[9] उसे
जहाँ में कुछ तो रहा नाम बेक़रारों का
तड़प के खिरमने-गुल पर[10] कभी गिर ऐ बिजली
जलाना क्या है मिरे आशियां के ख़ारों[11] का

31

उसका ख़िदाम[12] देख के जाया न जाएगा
ऐ फब्क[13], फिर बहाल[14] भी आया न जाएगा
हम कुश्तगाने-इश्क़ हैं, अबरू-ओ-चश्मे-आर[15]

---

1. मौत का बुलावा, 2. इंतज़ार करने वालों ने, 3. ईद के चांद को भी लजाने वाला वो छज्जे पर न आया, 4. क़त्ल किये हुए बेचारे लोगों का, 5. अंतिम संस्कार, 6. चमन में खिले हज़ारों रंग के फूल गवाह हैं, 7. दुनिया के सिर, 8. जंगल के हिरन ख़ूबसूरत आंखों का दावा पेश करते हैं, 9. मुक्ति मिले, 10. फूलों के ढेर पर, 11. घोंसले के कांटों को, 12. चाल, 13. चकोर, 14. पहले जैसी हालत में, 15. प्रेमिका की आंखों और भौंहों से, इश्क़ के मारे हुए हैं

सर से हमारे तेग़ का साया न जाएगा
हम रहखाने-राहे-फ़ना हैं, वरंगे-उम्र[1]
जावेंगे ऐसे, खोज भी पाया न जाएगा
अब देख ले, कि सीना भी ताज़ा हुआ है चाक
फिर हम से अपना हाल दिखाया न जाएगा
हम बे खुदाने-महफ़िले-तस्वीर[2] जब गए
आहन्दा हम से आप में आया न जाएगा
याद उसकी इतनी ख़ूब नहीं 'मीर', बाज़ आ[3]
नादान, फिर वो जी से भुलाया न जाएगा

32

ऐ दोस्त, कोई मुझ सा, रुस्वा[4] न हुआ होगा
दुश्मन के भी दुश्मन पर ऐसा न हुआ होगा
इस कुहना ख़राबे में[5], आबादी न कर मुनइम[6]
इक शहर नहीं याँ जो सहरा न हुआ होगा
आँखों से तिरी हमको है चश्म[7] कि अब होये
जो फ़ित्ना[8] कि दुनिया में बर्पा न हुआ होगा
जुज़, मरतबा-ए-कुल को, हासिल करे हैं आख़िर[9]
यक क़तरा न देखा जो दर्या न हुआ होगा

33

गलियों में अब तलक तो मज़्कूर[10] है हमारा
अफ़साना-ए-मुहब्बत मशहूर है हमारा
हैं मुश्ते-ख़ाक[11], लेकिन जो कुछ हैं, 'मीर', हम हैं
मक़दूर[12] से ज़ियादा मक़दूर है हमारा

---

1. हम उम्र की तरह, मृत्यु की राह के राहगीर हैं, 2. तस्वीरों की तरह बेहरकत, 3. छोड़ दे 4. अपमानित, 5. पुराने खंडहर में, 6. अमीर, 7. उम्मीद, 8. उपद्रव, 9. टुकड़ा आख़िरकार पूरे का दर्जा हासिल करता है (बूंद बूंद से घट भरे) 10. चर्चा, ज़िक्र, 11. मुट्ठी भर मिट्टी, 12. सामर्थ्य, क़ूवत

34

राहे-दूरे-इश्क़ से[1], रोता है क्या
आगे आगे देखिये होता है क्या
सब्ज़ होती ही नहीं यह सहज़मीं
तुख़्मे-ख़्वाहिश[2] दिल में तू बोता है क्या
ग़ैरतें-यूसुफ़ है यह वक़्ते-अज़ीज[3]
'मीर' इसको रायगाँ[4] खोता है क्या

35

ग़म्ज़े ने[5] उसके, चोरी में दिल की, हुनर किया
उस ख़ानुमाँ ख़राब ने[6] आँखों में घर किया
रंग उड़ चला चमन में गुलों का तो क्या, नसीमा[7]
हमको तो रोज़गार ने[8] बे बालो पर[9] किया
क्या जानूँ बज़्मे-ऐश[10], कि साक़ी की चश्म[11] देख
मैं सोहबते-शराब[12] से आगे सफ़र किया
जिस दम कि तेग़े-इश्क़ खिंची, बुलहवस[13] कहाँ
सुन लीजियो कि हम ही ने सीना सिपर किया[14]
है कौन आप में, जो मिले तुझ से, मस्ते-नाज़[15]
ज़ौक़े-ख़बर[16] ही ने तो हमें बे ख़बर किया
वह दश्ते-ख़ौफ़नाक[17] रहा है मिरा बतन
सुनकर जिसे ख़िज़र ने[18] सफ़र से हज़र किया[19]
कुछ कम नहीं है शोब्दाबाज़ों से मैगुसार[20]
दारु पिला के शैख़ को, आदम से खर किया[21]
लुक्नत तिरी ज़बान की है सेहर[22], जिससे शोख़
इक हर्फ़े-नीम गुफ़्ता ने[23] दिल पर असर किया

---

1. प्रेम के लम्बे मार्ग से, 2. ख़्वाहिशों यानी इच्छाओं का बीज, 3. यह मूल्यवान समय इतना ख़ूबसूरत है कि पैग़म्बर यूसुफ़ को भी ईर्ष्या होने लगे, 4. बेकार 5. कटाक्ष, 6. गली-कूचों में भटकते फिरने वाले ने, 7. सुबह की हवा, 8. ज़माने ने, 9. पंखविहीन, 10. ऐश की महफ़िल, 11. टेढ़ी नज़र, 12. मद्यपान, 13. बेहद लालची, 14. सीवर आगे किया, 15. ख़ूबसूरती के घमंड में चूर, 16. ख़बर मिलने की खुशी, 17. भयानक जंगल, 18. मार्गदर्शक, पैग़म्बर, 19. परहेज किया, 20. जाइगरों से मदिरापाई कम नहीं है, 21. आदमी से गधा बना दिया, 22. तेरी ज़ुबान की लड़खड़ाहट जादू जैसी है, 23. आधे कहे हुए शब्द ने

36

हाथ से तेरे अगर मैं नातवाँ[1] मारा गया
सब कहेंगे यह, कि क्या इक नीमजाँ[2] मारा गया
बस्सो-हिज्राँ[3], ये जो दो मंज़िल हैं राहे-इश्क़ की
दिल ग़रीब उनमें, ख़ुदा जाने कहाँ-मारा गया
दिल ने सर खेंचा दपोर-इश्क़ में, ऐ बुल्हवस[4]
वो सहाया आर्ज़ू[5], आख़िर जवाँ मारा गया
कब नियाज़े-इश्क़[6], नाज़े-हुस्न से[7] खींचे है हाथ
आख़िर आख़िर 'मीर' सर बर आस्ताँ[8] मारा गया

37

पैग़ामे-ग़म[9] जिगर का, गुल्ज़ार तक न पहुँचा
नाला[10] मिरा चमन की दीवार तक न पहुँचा
ज्यूँ नक़्शे-पा है ग़ुर्बत[11], हैराने-कार[12] उसकी
आवारा हो वतन से जो यार तक न पहुँचा
यह बख़्ते-सब्ज़[13] देखो, बाग़े-ज़माना[14] में से
पज्मुर्दा गुल[15] भी अपनी दस्तार[16] तक न पहुँचा
यूसुफ़ से लेके ता गुल[17], फिर गुल से लेके ता शमुअ
यह हुस्न किसको लेकर बाज़ार तक न पहुँचा

38

दैरो-हरम से[18] गुज़रे, अब दिल है घर हमारा
है ख़त्म इस आब्ले[19] पर, सैरो-सफर हमारा
हैं तेरे आहने की तिम्साल हम[20], न पूछो

1. दुर्बल, कमजोर, 2. जो पहले से ही अधमरा था, 3. मिलन और वियोग, 4. ऐ बला के लोभी, दिल ने प्रेमनगरी में सिर उठाया, 5. सिर से पैर तक अभिलाषावान, 6. प्रेम के प्रति श्रद्धा, 7. रूप के अभिमान से, 8. चौखट यानी दहलीज पर सर रखे हुए 9. दुख का संदेश, 10. क्रंदन, आर्तनाद, 11. गरीबी अथवा बेवतनी पैरों के निशान की तरह, 13. विस्मित, 13. बदक़िस्मती, 14. ज़माना रूपी बाग़, 15. मुर्झाया फूल, 16. पगड़ी, 17. यूसुफ़ से लेकर फूल तक (यूसुफ़ एक पैग़म्बर था, जिसकी ख़ूबसूरती की वजह से बाज़ार में ले जाकर बेच दिया गया था) 18. मंदिर-मस्जिद से, 19. छाला, फफोला, 20. हम तेरे दर्पण की भांति हैं

इस दश्त में[1] नहीं है, पैदा असर हमारा
नशूवो-नुमा है अपनी[2], ज्यूँ गर्दबाद[3] अनोखी
बालीदा ख़ाके-रह से, है यह शजह हमारा[4]
इस कारवाँ सरा में[5] क्या 'मीर' बार[6] खोलें
याँ कूच लग रहा है शामो-सहर हमारा

39

कब मुसीबतज़दा दिल माइले-आज़ार[7] न था
कौन से दर्दो-सितम का यह तरफ़दार न था
आदमे ख़ाकी से आलम को जिला है[8] वर्ना
आहना था ये, वले क़ाबिले-दीदार न था[9]
धूप में जलती हैं ग़ुर्बत वतनों की[10] लाशें
तेरे कूचे में मगर साया-ए-दीवार[11] न था
रात, हैरान हूँ, कुछ चुप ही मुझे लग गयी 'मीर'
दर्दे-पिन्हाँ थे बहुत, पर लबे-इज़्हार न था[12]

40

नज़र में तौर[13] रख इस कमनुमा का[14]
भरोसा क्या है उम्रे-बेवफ़ा का
परस्तिश[15] अब उसी बुत की है हर सू[16]
रहा होगा कोई बंदा ख़ुदा का[17]
कहीं उस ज़ुल्फ़ से क्या लग चली है
पड़े है पाँव बेदब उस सबा[18] का

---

1. जंगल, वीराना, 2. मेरी बढ़त, 3. बगूला, 4. रास्ते की धूल से मेरा यह दरख़्त बढ़ा है, 5. इस सराय में, 6. सामान, असबाब, 7. दुखों से प्रेम करने वाला, 8. मिट्टी के पुतले, यानी इंसान से दुनिया रौशन है, 9. दर्पण तो था, लेकिन देखने काबिल न था, 10. परदेसियों की, 11. दीवार की छाया, 12. दर्द बहुत से छिपे हुए थे, लेकिन कहने की ताक़त न थी, 13. ढंग, 14. कम नज़र आने वाले का, 15. पूजा, 16. हर तरफ़, 17. भक्त, 18. सुबह की हवा

41

फिरता है ज़िन्दगी के लिए, आह, ख़्वार[1] क्या
इस वहम की नुमूद का है ऐतिबार क्या[2]
क्या जानें हम अखीरे-क़फ़स ज़ाद[3], ऐ नसीम[4]
गुल कैसे, बाग़ कहते हैं किसको, बहार क्या
आँखें बरंगे-नक़्शे-क़दम[5] हो गईं सुफ़ैद
फिर और कोई उसका करे इंतिज़ार क्या
मारा हो एक-दो को, तो हो मुद्दई[6] कोई
कुश्तों का उसके, रोजे जज़ा में शुमार क्या[7]
पाते हैं अपने हाल में मजबूर सबको हम
कहने को इख़्तियार[8] है, पर इख़्तियार क्या

42

बे रंग, बे सबाती[9], यह गुलसिताँ बनाया
बुलबुल ने क्या समझ कर, याँ आशियाँ बनाया
उड़ती है ख़ाक यारब, शामो-सहर जहाँ में
किस के गुबारे-दिल से यह ख़ाकदाँ[10] बनाया
इक रंग पर न रहना, खाँ का अजब नहीं है
क्या क्या न रंग लाये, तब यह जहाँ बनाया
नक़्शे-क़दम से उसके, गुलशन की तरह[11] डाली
गर्दे-रह उसकी लेकर सर्वे-खाँ[12] बनाया
इस सहन[13] पर वो वुसअत[14], अल्लाह ही तेरी सनअत[15]
मेमार ने क़ज़ा के[16] दिल क्या मकाँ बनाया
कहते तो हो यूँ कहते, यूँ कहते जो वो आता
ये कहने की बातें हैं, कुछ भी न कहा जाता

---

1. अपमानित, 2. इस भ्रम के प्रकट होने का क्या भरोसा, 3. जन्मजात क़ैदी, 4. शीतल हवा, 5. पैरों के निशानों की भांति, 6. प्रतिवादी, 7. उसने जितनों को क़त्ल किया है उनकी गणना क़यामत या प्रलय के दिन में क्या?, 8. अधिकार 9. कमटिकाऊ, कमज़ोर, 10. मिट्टी की दुनिया, 11. नींव, 12. सरु का सदाबहार दरख़्त, 13. आंगन, 14. फैलाव, 15. कारोबार, 16. भाग्यविधाता ने

43

अल्लह रे ग़ुरुरो-नाज़[1] तेरा
मुतलक़ नहीं हमसे साज़ तेरा[2]
हम से, कि तुझी को जानते हैं
जाता नहीं एहतिराज़[3] तेरा
मिल जिनसे शराब तू पिये है
कह देते हैं वह ही राज़ तेरा
कुछ इश्क़ो-हवस[4] में फ़र्क़ भी कर
कीधर है वो इम्तियाज़[5] तेरा
कहते न थे, 'मीर' मत कुढ़ा कर
दिल हो न गया गुदाज़[6] तेरा

44

गुलो-सर्व[9], अच्छे सभी हैं वले[10]
न निकला चमन में कोई आह सा
फ़लक ने बहुत खेंचे आज़ार[11], लेक[12]
न पहुँचा वहम[13], उस दिले आज़ार सा[14]
मगर आँख तेरी भी चिपकी कहीं
टपकता है चितवन से कुछ प्यार सा

45

है इश्क़ में सब्र नागवारा
फिर सब्र बिन और क्या है चारा
यूँ बात करे है मेरे ख़ूँ से
गोया नहीं उन ने मुझ को मारा
देखा हो तो दूर भागते हो
कुछ पास नहीं तुम्हें हमारा

---

1. गर्व और घमंड, 2. हमसे तेरा बिल्कुल मेल नहीं, 3. बचना, 4. प्रेम और लिप्सा, 5. फ़र्क़, 6. कोमल 7. दया का बादल, 8. धूर्त, भेदिया, 9. फूल-पेड़, 10. लेकिन, 11. आज़ाद खेंचना= दुख उठाना, 12. लेकिन, 13. वहम पहुंचना=उपलब्ध होना, 14. उस दिल दुखाने वाले जैसा

था किसको दिमाग़े-बाग़[1] उस दिन
बुलबुल ने बहुत मुझे पुकारा
जब जी से गुज़र गये हम, ऐ 'मीर'
उस कूचे में तब हुआ गुज़ारा

46

क्या कहे हाल कहीं दिलजदा[2] जाकर अपना
दिल न अपना है मोहब्बत में, न दिलबर अपना
यक घड़ी साफ़ नहीं, हमसे हुआ यार कभू
दिल भी ज्यूँ शीशा-ए-साअत है मुक़द्दर[3] अपना
उस गुले-तर की क़बा[4] के कहीं खोले थे बंद
रंगों गुलबर्ग के[5], नाखुन है मुअत्तर[6] अपना
पेश कुछ आओ[7], यहीं हम तो हैं हर सूरत से
मिस्ले-आईना[8] नहीं छोड़ते हम घर अपना
दिल बहुत खेंचती है यार के कूचे की ज़मीं
लोहू उस ख़रक में गिरना है मुक़र्रर[9] अपना

47

ख़ूब किया जो अहले-करम के जूद का[10] कुछ न ख़याल किया
हम जो फ़क़ीर हुए तो हमने पहले ही तर्के-सवाल[11] किया
रौंद के जौर से उसने हमको, पाँव हिनाई[12] अपने किये
ख़ून हमारा बिस्मिल गह में[13], किन रंगों पायाल[14] किया
'मीर' सदा बे हाल रहो हो, मेहरो-वफ़ा[15] सब करते हैं'
तुमने इश्क़ किया सो, साहब क्या ये अपना हाल किया

---

1. बाग में जाने की इच्छा 2. मग्न हृदय, 3. रेतघड़ी जैसा मलिन, 4. अँगरखा जैसी पोशाक, 5. फूल की पंखुड़ियों की तरह, 6. सुगंधित, 7. कुछ भी हो जाय, 8. दर्पण की भांति, 9. सुनिश्चित 10. उदार लोगों की उदारता का, 11. भिक्षावृत्ति का त्याग, 12. पैर मेंहदी से रंगे, 13. कत्लगाह, बूचड़खाना, 14. बर्बाद, 15. प्रेम और उसका निर्वाह

48

बहार आई चलो चमन में, हवा के ऊपर भी रंग आया
कहाँ तलक गुल न होये गुंचा[1], रहा मुँदे मुँह, सो तंग आया
वही है रोना, वही है कुढ़ना, वही है सोज़िश[2] जवानी की सी
बुढ़ापा आया है इश्क़ ही में, पे' 'मीर' हमको न ढंग आया

49

दूर बहुत भागो हो हमसे, सीख तरीक़ ग़िज़ालों का[3]
वहशत[4] करना शेवा[5] है क्या अच्छी आँखों वालों का
सर्वे-लबे-जू[6], लाला-ओ-गुल, जसरीनो-समन[7] है, शिगूफ़ा[8] है
देखो जिधर इक़ बाग लगा है, अपने रंगीं खयालों का
गुंचा[9] हुआ है ख़ारे-बयावाँ[10], बाद ज़िआरत[11] करने के
पानी तबर्रुक[12] करते हैं सब, पाँव के मेरे छालों का

50

आज हमारा दिल तड़पे है, कोई उधर से आवेगा
या कि नविश्ता[13] उन हाथों का क़ासिद[14] हम तक लावेगा
दंज बहुत खेंचे थे हमने, ताक़त जी की तमाम हुई
अपने किये पर, याद रहे यह, वो भी बहुत पछतावेगा
आँखें मूँदे वह दिलबर, जो सोते रहें सो बेहतर है
चश्मक[15] करना एक उन्हों का, सौ सौ फ़ित्ने[16] जगावेगा
क्या सूरत है, क्या क़ामत[17] है, दस्तो-पा[18] क्या नाज़ुक हैं
ऐसे पुतले, मुँह देखो, जो कोई कलाल[19] बनावेगा
चितवन बेढब, आँखें फिरी हैं, पलकों से भी नज़र छोटी
इश्क़ अभी, क्या जाने हमको क्या-क्या 'मीर' दिखावेगा

1. कली, 2. तपन, जलन 3. हिरनों का तरीक़ा, 4. घबराना, 5. चलन, रिवाज़, 6. नदी या नहर किनारे लगा सरु का दरख़्त, 7. बेला-चमेली, 8. फूल, 9. कली, 10. जंगल के कांटे, 11. दर्शन, 12. प्रसाद की भांति लेते हैं, 13. पत्र, 14. पत्रवाहक, 15. इशारे, 16. उपद्रव, 17. क़द, 18. हाथ-पैर, 19. बेढंगा

51

किसकी मसजिद? कैसे मैख़ाने? कहां के शैख़ो-शाब[1]?
एक गर्दिश में तेरो चश्मे-सियह[2] की सब ख़राब
मूंद रखना चश्म[3] का हस्ती में ऐने-दीद[4] है
कुछ नहीं आता नज़र जब आँख खोले है हुबाब[5]
मत ढलक मिज़गां[6] से अब तू ऐ सरश्के-आबदार[7]
मुफ़्त में जाती रहेगी तेरी मोती की-सी आब
कुछ नहीं, बहरे-जहां[8] की मौज[9] पर मत भूल 'मीर'
दूर से दरिया नज़र आता है लेकिन है सुराब[10]

52

दिल के गये बेकस कहलाये, ऐसा कहाँ हमदम है अब
कौन ऐसे महरुमे-ग़मी का[11] हमराज़ो-महरम[12] है अब
सुन के हाल किसू के दिल का रोना ही मुझको आता था
यानी कभू जो कुढ़ता था मैं, वह रोना हरदम है अब
देखें दिन करते हैं क्यूँकर, रातें क्यूँकर गुज़रती हैं
बेताबी है ज़्यादा ज़्यादा, सब्र बहुत कम कम है अब
इश्क़ हमारा, आह न पूछो, क्या क्या रंग बदलता है
ख़ून हुआ दिल, दाग़ हुआ फिर, दर्द हुआ फिर, ग़म है अब
मिलने वालों, फिर मिलियेगा, है वह आलमे-दीगर में[13]
'मीर' फ़क़ीर को सुक्र[14] है, यानी मस्ती का आलग है अब

53

दिल ख़ूँ हुआ था यक्सर, पानी हुआ जिगर सब
ख़ूँबस्ता[15] रहतियाँ थीं पलकें, सो अब हैं तर सब
यारब किधर गये वे, जो आदमी रविश[16] थे
ऊजड़ दिखाई दें हैं शहरो-दहो-नगर[17] सब

---

1. धार्मिक लोग, 2. स्याह आंख, 3. आंख, 4. ठीक देखना, 5. बुलबुला, 6. पलकों से, 7. पानीदार आंसू, 8. संसार-सागर, 9. लहर, 10. मरीचिका, छलावा, 11. वंचित दुखी का, 12. हमराज़ और दोस्त, 13. दूसरी दुनिया में, 14. नशा, बेहोशी, 15. ख़ून से चिपकी हुई, 16. क़तार की क़तार लोग, 17. शहर-गांव क़स्बे

आलम के लोगों का है तस्वीर का सा[1] आलम
ज़ाहिर खुली हैं आँखें, लेकिन हैं बेख़बर सब
'मीर' इस ख़राबे में[2] क्या आबाद होये कोई
दीवारो-दर गिरे हैं, वीराँ पड़े हैं घर सब

54

पलकों पे' थे पाश-ए-जिगर[3] रात
हम आँखों में ले गये बसर रात
इक दिन तो वफ़ा भी करते वादा
गुज़री है उमीदवार, हर रात
मुखड़े से उठाई उन ने जुल्फ़ें
जाना भी न हम, गई किधर रात
खुलती है जब आँख शब को, तुझ बिन
कटती नहीं आती फिर नज़र रात
थी सुबह जो मुँह को खोल देता
हरचंद कि तब थी एक पहर रात
फिर जुल्फ़ों में मुँह छिपा के पूछा
अब होवेगी 'मीर' किस क़दर रात

55

अजब नहीं है जो जाने न 'मीर' चाह की रीत
सुना नहीं है मगर ये, कि जोगी किसके मीत
मत इन नमाज़ियों को ख़ाना साज़े-दीं[4] जानो
कि एक ईंट के ख़ातिर ये ढाते हैं गे मसीत
शफ़क़[5] से हैं दरो-दीवार ज़र्द[6] शामो-सहर
हुआ है लखनऊ इस रहगुज़र में पीली भीत
कहा था हमने बहुत बोलना नहीं है ख़ूब
हमारे यार को सो अब हमीं से बात न चीत

1. गतिहीन, तस्वीर में जड़े हुए जैसे, 2. खंडहर में, 3. जिगर के टुकड़े, 4. दीन यानी धर्म के बनाने वाले, 5. भोर की और शाम की लालिमा, 6. पीला

56

देर तक खिंचती तो कहते भी मुलाक़ात की बात
मिलना अपना जो हुआ उससे, सो वो बात की बात
गुफ़्तगू शाहिदो-में से है, न ग़ीबत न गिला[1]
खानका[2] की सी नहीं बात, ख़राबात[3] की बात
मुँह इधर और सुख़ने-ज़ेरे-लबी[4] ग़ैर के साथ
उसे फ़रेबिंदा[5] की नागुफ़्तनी[6] है घात की बात

57

होती है गर्चे कहने से यारो, पराई बात
पर हम से तो थमी न कभू मुँह पे' आई बात
कहते थे उससे मिलिये तो क्या क्या न कहिए, लेक
वह आ गया तो सामने उसके न आई बात
अब तो हुए हैं हम भी, तिरे ढब से आश्ना[7]
वाँ तू ने कुछ कहा, कि इधर हमने पाई बात
आलम सियाहख़ाना[8] है किसका, कि रोज़ो-शब
यह शोर है कि देती नहीं कुछ सुनाई बात
ख़त लिखते लिखते 'मीर' ने दफ़्तर किये खाँ
इफ़ाते-इश्तियाक़ ने[9], आख़िर बढ़ाई बात

58

देर से सूए-हरम[10] आया न टुक
हम मिज़ाज[11] अपना इधर लाये बहुत
फूलो-गुल शम्सो-कमर[12] सारे ही थे
पर हमें इनमें तुम्हीं भाये बहुत
वो जो निकला सुबह जैसे आफ़ताब
रश्क से गुल फूल मुर्झाये बहुत
'मीर' से पूछा जो मैं आशिक़ हो तुम
होके कुछ चुपके से शर्माये बहुत

---

1. शराब और माशूक़ से गुफ़्तगू न पीठ पीछे की बुराई है, न शिकवा शिकायत, 2. पूजाघर, 3. मधुशाला, 4. होंठो-होंठों में बातें, 5. धोखेबाज, 6. न कहने योग्य, 7. तौर तरीक़े से परिचित, 8. काला घर, 9. बहुत ज़्यादा उत्सुकता 10. आराधना स्थल की ओर, 11. ध्यान, 12. सूर्य-चंद्रमा

59

दिल की तह की कही नहीं जाती, नाज़ुक हैं असरार[1] बहुत
अंछा हैं तो इश्क़ के दो ही, लेकिन है विस्तार बहुत
काफ़िर मुस्लिम दोनों हुए, पर निस्बत[2] उससे कुछ न हुई
बहुत लिये तस्बीह[3] फिर हम, पहना है जुन्नार[4] बहुत
हिज्र ने[5] जी ही मारा हमारा, क्या कहिए क्या मुश्किल है
उस से जुदा रहना होता है, जिससे हमें है प्यार बहुत

60

कहूँ सो क्या कहूँ, ने सब्रो-ने क़रार है आज
जो इस चमन में यह इक तुर्फ़ा इंतिशार[6] है आज
सर अपना इश्क़ में हमने भी यूँ तो फोड़ा था
पर इसको क्या करें, औरों का ऐतिबार है आज
सहर सवाद में[7] चल, ज़ोर फूली है सरसों
हुआ है इश्क़ से कुल ज़र्द[8], क्या बहार है आज
सवारी उसकी है, सरगर्मे-गश्ता-ए-दश्त[9], मगर
कि ख़ीरा तीरा[10] नुमूदार[11] इक ग़ुबार है आज

61

आये हैं 'मीर' मुँह को बनाये ख़फ़ा से आज
शायद बिगड़ गई है कुछ उस बेवफ़ा से आज
साक़ी, टुक एक मौसमे-गुल की तरफ़ तो देख
टपका पड़े है रंग चमन में हवा से आज
था जी में, उससे मिलिए तो क्या क्या न कहिए 'मीर'
पर कुछ कहा गया न ग़मे दिल हया से आज

---

1. रहस्य (बहुवचन), 2. संबंध, 3. सुमिरनी, 4. जनेऊ, 5. बिछोह 6. अजीब बेचैनी, 7. सुबह मैदान में, 8. पीला, 9. जंगल के चक्कर काटने में निमग्न, 10. भयंकर रूप से, 11. प्रकट

62

बर अफ़ोख़्ता रुख़[1] है उसका किस ख़ूबी से मस्ती में
पी के शराब शिगुफ़्ता[2] हुआ है, उस नौ गुल पे'[3] बहार है आज
उसका बहरे-हुस्न[4] सरासर ओजे-मौजे-तुलातुम[5] है
शौक़ की अपने निगाह जहां तक जावे, बोसो-कनार[6] है आज
क्या पूछो हो, साँझ तलक पहलू में क्या क्या तड़पा है
कल की निस्बत[7] दिल को हमारे, बारे कुछ तो क़रार है आज
ख़ूब जो आँखें खोल के देखा शाख़े-गुल पे' नज़र आया
इन रंगों फूलों में मिला कुछ महवे जल्वए-यार[8] है आज
जज़्बए-इश्क़[9] जिधर चाहे ले जाए महमिल[10] लैला का
यानी हाथ में मजनूँ के नाफ़े की[11] उसकी मेहार[12] है आज
रात को पहना हार जो अब तक, दिन को उतारा उनने नहीं
शायद 'मीर' जमाले-गुल भी उसके गले का हार है आज

63

आग सा तू जो हुआ ऐ गुलतर, आन[13] के बीच
सुबह की बाद[14] ने क्या फूँक दिया कान के बीच
हाल गुलज़ारे-ज़माना[15] का है, जैसे कि शफ़क़[16]
रंग कुछ और ही हो जाते हैं इक आन के बीच
ताक[17] की छाँव में ज्यूँ मस्त पड़ी सोती हैं
ऐंडती हैं निगहें साया-ए मिज्गान[18] के बीच
हम न कहते थे कहीं जुल्फ़, कहीं रुख़ न दिखा
इक ख़िलाफ़ आया न हिन्दू-ओ मुसलमान के बीच
बावजूदे-मलकीदत[19], न मलक[20] में पाया
वह तक़द्दुस[21], कि जो है हज़रते-इंसान[22] के बीच

---

1. तमतमाया हुआ चेहरा, 2. तरोताज़ा, 3. नये फूल पर, 4. सौंदर्य-सागर, 5. लहर और तूफ़ान की उठान, 6. चुम्बन और आलिंगन, 7. कल की अपेक्षा, 8. प्रेमिका के दर्शन की तल्लीनता, 9. प्रेम-भाव, 10. ऊंट पर स्त्रियों के बैठने का विशेष आसन, 11. ऊंटनी की, 12. नकेल 13. पल, क्षण, 14. हवा, 15. हरी-भरी दुनिया, 16. सुबह-शाम की लालिमा, 17. अंगूर की बेल, 18. पलकों की छाँव, 19. फरिश्तापन के बावजूद, 20. फरिश्ता, 21. पवित्रता, 22. मनुष्य, आदमी

कैसी इज़्ज़त मिरे दीदाँ[1] की अमीरों में हुई
वैसी ही उनकी भी होगी जिरे दीवान के बीच
घर में आइने के कब तक तुम्हें नाज़ाँ[2] देखूँ
कभू तो आओ मिरे दीदा-ए-हैरान[3] के बीच

64

चश्म हो तो आइना ख़ाना है दहर[4]
मुँह नज़र आता है दीवारों के बीच
हैं अनासिर की ये सूरत बाज़ियाँ[5]
शोबदे[6] क्या क्या हैं इन चारों के बीच

65

ऐ बू-ए-गुल[7], समझ के महकियो पवन के बीच
ज़ख़्मी पड़े हैं मुर्ग़ हज़ारों[8] चमन के बीच
सुयराई और नाज़ुकी गुलबर्ग[9] की दुरूस्त
पर वैसी बू कहाँ, कि जो है उस बदन के बीच
या साथ ग़ैर के है तुम्हें वैसी बातचीत
सौ-सौ तरह का लुत्फ़ है एक इक सुख़न के बीच
या पास मेरे, लगती है चुप ऐसी आन कर
गोया ज़ुबाँ नहीं है तुम्हारे दहन[10] के बीच
फ़रहादो-क़ैसो-'मीर', ये आवारगाने-इश्क़[11]
यूँ ही गये हैं, सब की रही मन की मन के बीच

66

ये उलझाव सुलझकर मुझको दे है दिखाई मुश्किल सा
यानी दिल अटका है जाकर इन बालों की शिकन के बीच
क्या शीरीं है हर्फ़ो-हिकायत[12], हसरत[13] हमको आती है
हाय ज़ुबाँ अपनी भी होवे यक्दम उसके दहन[14] के बीच

1. दीवान, कविता संग्रह, 2. गर्दिता, 3. विस्मित आँखों के, 4. आँखें हों तो यह दुनिया शीशमहल है, 5. आग, पानी, मिट्टी और हवा इन चारों तत्वों की सूरत का खेल, 6. करतब 7. फूल की खुशबू, 8. हज़ारों परिंदे, 9. पंखुड़ी, 10. मुँह, 11. आवारा प्रेमी, 12. कैसी मीठी है बोली, 13. इच्छा, चाह, 14. मुँह

67

उसके रंग खिला है शायद, कोई फूल बहार के बीच
शोर पड़ा है क़यामत का सा चार तरफ़ गुलज़ार के बीच
रोने से जो रोद[1] बहा, तो उसका क्या है यार अजब
जज़्ब हुए हैं[2] क्या क्या दरिया अपने जैबो-कनार[3] के बीच

68

मैं बेदिमाग़े-इश्क़[4] उठा सो चला गया
बुलबुल पुकारती ही रही गुलसिताँ के बीच
क्या जानूँ लोग कहते हैं किसको सुरुरे-क़ल्ब[5]
आया नहीं यह लफ़्ज़ तो हिंदी ज़ुबां के बीच
इतनी जबीं[6] रगड़ी कि संग[7] आहना हुआ
आने लगा है मुंह नज़र उस आस्ताँ[8] के बीच
ख़ूगर[9] हुए हैं इश्क़ की गरमी से ख़ारो-ख़स[10]
बिजली पड़ी रहे है मिरे आशियाँ[11] के बीच

69

दौरे-गर्दूं[12] से हुई कुछ और मैख़ाने की तरह
भर न आवें क्योंकि आँखें मेरी पैमाने की तरह
आ निकलता है कभू हँसता तो है बाग़ो बहार
उसकी आमद[13] में है सारी फ़स्ल गुल आने की तरह
किस तरह जी से गुज़र जाते हैं आँखे मूँद कर
दीदनी है[14] दर्दमंदों की भी मर जाने की तरह

70

क्या मैं ही छेड़ छेड़ के खाता हूँ गालियाँ
अच्छी लगे है सबको मेरे बद ज़बाँ की तरह
नक़्शा इलाही दिल के मेरे कौन ले गया
कहते हैं सारे अर्श[15] में है इस मकाँ की तरह

---

1. सोता, पोखर, 2. सोखे हुए हैं, 3. गरेबान और जिस्म, 4. प्रेम की संवेदनशीलता, 5. मन की खुशी, 6. माथा, 7. पत्थर, 8. दहलीज, 9. आदी, अभ्यस्त, 10. कांटे और घास, 11. नीड़, घोंसला 12. आसमानी उलट-फेर, 13. आना, 14. देखने के योग्य, 15. आसमान, आकाश

71

मेरे संगे-मज़ार[1] पर फ़रहाद
रख के तेशा[2] कहे है 'या उस्ताद!'
फ़िक्रे-तामीर[3] में न रह मुनअम[4]
ज़िन्दगानी की कुछ भी है बुनियाद
सुनते हो टुक सुनो कि फिर मुझ बाद
न सुनोगे ये नाला-ओ-फ़रियाद
तेरी क़ैदे-क़फ़स का क्या शिकवा
नाले अपने से, अपने से फ़रियाद
नहीं सूरत-पज़ीर नक़्श[5] उसका
यूं ही तसदीअ खैंचे है बहज़ाद[6]

72

तुझ बिन ऐ नौबहार के मानिंद
चाक है दिल अनार के मानिंद
पहुँची शायद जिगर तक आतिशे-इश्क़[7]
अश्क हैं सब शरार के मानिंद[8]
हार कर शब[9] गले पड़े उसके
हम भी फूलों के हार के मानिंद
बर्क़[10] तड़पी बहुत वले[11] न हुई
इस दिले-बेक़रार के मानिंद
उसकी सरतेज़[12] हर पलक है 'मीर'
ख़ंजरे-आबदार[13] के मानिंद

73

ऐ गुले-नौ दमीदा के मानिंद[14]
है तू किस आफ़रीदा[15] के मानिंद

---

1. क़ब्र का पत्थर, 2. कुदाल, 3. निर्माण की चिंता, 4. धनी आदमी, 5. उसका चेहरा-मोहरा उतारा नहीं जा सकता, 6. बहज़ाद नामवाला चितेरा बेकार ही मेहनत कर रहा, 7. प्रेमाग्नि, 8. सारे आंसू चिनगारियों की तरह हैं, 9. रात, 10. बिजली, 11. लेकिन, 12. नोकीली, 13. पानीदार ख़ंजर की तरह, 14. उगे नये खिले पुष्प की भांति, 15. पैदाइश

हम उमीदे-वफ़ा पे' तेरी हुए
गुंचा-ए-देर चीदा[1] के मानिंद
ख़ाक की मेरी सैर करके फिरा
वो ग़िज़ाले-रमीदा[2] के मानिंद
सर उठाते ही हो गये पामाल[3]
सब्ज़ा-ए-नौ दमीदा के मानिंद[4]
न करे रात हिज्र की[5], जो न हो
नाला तेग़े-कशीदा के मानिंद[6]
हम गिरफ़्तारे-हाल हैं अपने[7]
ताइरे-जर बुरीदा के मानिंद[8]
मीर साहब जी उसके हाँ थे लेक[9]
बंदर-ए-ज़र ख़रीदा[10] के मानिंद

74

न पढ़ा ख़त को, या पढ़ा क़ासिद[11]
आख़िरेकार क्या कहा क़ासिद
गिर पड़ा ख़त तो तुझ पे हर्फ़[12] नहीं
यह भी मेरा ही लिखा था क़ासिद
ये तो रोना हमेशा है मुझको
फिर कभू फिर कभू अला क़ासिद

75

तन को जिस जगह से छेड़ूँ वाँ है दर्द दर्द
हाथ लगते दिल के हो जाता हूँ कुछ मैं ज़र्द ज़र्द[13]
अब तो हसरत[14] से दो आहोनाला[15] करना भी गया
कोई दम होंठो तक आ जाता है गाहे[16] सर्द सर्द

1. मुरझाया हुआ फूल, 2. घबराया हुआ हिरन, 3. बर्बाद, 4. नयी उगी घास की भांति, 5. बिछोह की, 6. खिंची हुई तलवार की भांति आर्तनाद, 7. हम अपनी मुसीबतों से घिरे हुए हैं, 8. पर कटे परिंदे की भांति, 9. लेकिन, 10. ज़रख़रीद गुलाम 11. पत्र या संदेश ले जाने वाला, 12. दोष, 13. पीला-पीला, 14. कामना, आकांक्षा, 15. आहें भरना, आर्तनाद करना, 16. कभी-कभार

76

क़फ़स[1] तो याँ से गये पर, मुदाम[2] है सैयाद[3]
चमन की सुबह, कोई दम को, शाम है सैयाद
बहुत ही हाथ हैं तेरे, न कर क़फ़स की फ़िक्र
मिरा तो काम, इन्हीं में तमाम है सैयाद
चमन में मैं नहीं ऐसा फँसा, कि यूँ छूटूँ
मुझे तो हर दगे-गुल[4] तारे-दाम[5] है सैयाद

77

ख़ाक भी सर पे' डालने को नहीं
किस ख़राबे में[6] हम हुए आबाद
चार दीवारी-ए-अनासिर[7] 'मीर'
ख़ूब जागह[8] है, पर बे बुनियाद[9]

78

पड़ती है आँख जाकर हर दम सफ़ाई तन पर
सौ जी गये थे सदक़े[10] उस शोख़ के बदन पर
नामे-खुदा[11] निकाले क्या पांव रफ़्ता-रफ़्ता
तलवारें चलतियां हैं उसके तो अब चलन पर
दिल जो नहीं बजा[12] है वहशी-सा मैं फिरूं हूँ
तुम जाइयो न हरगिज़ मेरे दिवानापन पर
तब तक भले थे जब तक हर्फ-आशना[13] न थे तुम
लेने लगे लड़ाई अब तो सुख़न-सुख़न[14] पर
किस तरह 'मीर' जी का हम तौबा करना[15] मानें
कल तक भी दाग़े-मैं[16] थे सब उसके पैरहन[17] पर

---

1. पिंजरा, 2. हमेशा, 3. शिकारी, 4. पंखुड़ियों पर उभरी हुई लकीरें, 5. जाल के फंदे, 6. वीराने में, 7. हवा, पानी, मिट्टी और आग की चार दीवारी, 8. जगह, 9. बिना नींव के, 10. न्योछावर, 11. खुदा का नाम लेकर, 12. ठीक, दुरुस्त, 13. बात समझने वाले, 14. बात बात पर, 15. परहेज करना, 16. शराब के दाग, 17. कपड़ों पर

79

मरते हैं हम तो आदमे-ख़ाकी[1] की शान पर
अल्लाह रे दिमाग़ कि है आसमान पर
आफ़ात[2] में है मुर्ग़े-चमन गुल के शौक़ में
जोखों हज़ार-रंग[3] के रहती है जान पर
उस कामे-जा[4] के जल्वों[5] का मैं ही नहीं हलाक[6]
आफ़त अजब तरह की है सारे जहान पर
अंदाज़ो-नाज़ अपने उस औबाश के हैं क़हर
सौ सौ जवान मरते हैं एक एक आन पर
शोख़ी तो देखो आप कहा आओ बैठो 'मीर'
पूछा कहां, तो बोले कि मेरी ज़बान पर

80

इश्क़े-ख़ुदाई-ख़राब[7] है ऐसा जिससे गये हैं घर के घर
काबा-ओ-दैर[8] के ऐवानों[9] के गिरे पड़े हैं दर के दर
हज से जो कोई आदमी हो तो सारा आलम हज ही करे
मक्के से आये शैख़ जी लेकिन वे तो वही हैं ख़र के ख़र[10]
मुस्लिमो-काफ़िर के झगड़े में जंगो-जदल[11] से रिहाई नहीं
लोथों पे लोथें गिरती रहेंगी कटते रहेंगे सर के सर
कब से गर्मीए-इश्क़ ने मेरे चश्मा-ए-चश्म[12] को ख़ुश्क किया
कपड़े गले हैं सारे लेकिन वे नहीं अब तक तर के तर

81

दिल की आफ़त है आई जानों पर
यह फ़साना रहां ज़बानों पर
इश्क़ में होशो-सब्र सुनते थे
रख गये हाथ सो तो कानों पर
गर्चे इंसान हैं ज़मीं वाले

---

1. मानव, मनुष्य, 2. मुसीबतों में, 3. हज़ारों ख़तरे, 4. प्रियतम, 5, दीदार, दिखाना, 6. मारे हुए 7. ख़ुदापरस्ती दुनिया को बर्बाद करने वाली है, 8. काबा और मंदिर, 9. बड़ी इमारतों, 10. गधे के गधे, 11. युद्ध, 12. आंख-रूपी झरना

हैं दिमाग़ उनके आसमानों पर
लोग सर देते जाते हैं कैसे
यार के पाँव के निशानों पर
क़िस्से दुनिया में 'मीर' बहुत सुने
न रखो शोश[1] उन फ़सानों पर

82

ग़ैरों से मिल चले तुम मस्ते-शराब होकर
ग़ैरत[2] से रह गये हम यकसू[3] कबाब होकर
परदा रहेगा क्योंकर ख़ुर्शीदे-ख़ावरी[4] का
निकले है सुबह वह भी अब बेनक़ाब होकर
कल रात मुँद गयी थी बहुतों की आँखें ग़श से
देखा किया न कर तू सरमस्ते-ख़्वाब[5] होकर
इक क़तरा आब[6] मैंने इस दौर में पिया है
निकला है चश्मे-तर[7] से वह ख़ूने-नाब[8] होकर
आ बैठता था सूफ़ी हर सुबह मैकदे[9] में
शुक्रे-ख़ुदा कि निकला वाँ से ख़राब होकर
शर्मो-हया कहाँ तक, हैं 'मीर' कोई दम के
अब तो मिला करो तुम टुक बेहिजाब[10] होकर

83

ग़ुस्से से उठ चले हो जो दामन को झाड़ कर
जाते रहेंगे हम भी गरेबान फाड़ कर
दिल वह नगर नहीं कि फिर आबाद हो सके
पछताओगे सुनो हो य' बस्ती उजाड़ कर

84

हम भी फिरते हैं एक हशम[11] लेकर
दस्तए-दाग़ो-फ़ौजे-ग़म लेकर[12]

---

1. वहम, 2. शर्म, 3. एकदम, 4. सूरज, 5. नींद में डूब कर, 6. जल, 7. गीली आंख, 8. चिट्टा लहू, 9. मदिरालय, 10. खुल कर, 11. वैभव, शान, 12. दागों के दस्ते और ग़म की फौजें लेकर

दस्तकश नाला पेशरु गिरिया[1]
आह चलती है याँ अलम[2] लेकर
मर्ग एक माँदगी का वक़्फ़ा है[3]
यानी आगे चलेंगे दम लेकर
ज़ोफ़[4] याँ तक खिंचा कि सूरतगर[5]
रह गये हाथ में क़लम लेकर
'मीर' साहब ही चूके, ऐ बदअहद
वर्ना देना था दिल क़सम लेकर

85

मज़्हब से मेरे क्या तुझे, तेरा दयार[6] और
मैं और, यार और, मिरा कारोबार और
चलता है काम मर्ग का ख़ूब, उसके दौर में
होती है गिर्द शहर के रोज़ इक मज़ार और
बंदे को उन फ़क़ीरों में गिनिये न शहर के
साहब ने मेरे, मुझको दिया एतबार[7] और
दर्दे-सर अब जो इश्क़ का है, गोर[8] तक है साथ
कुछ यह नशा ही और है, इसका खुमार और
काहे को इस क़रार[0] से था इज़्तिरावे-दिल[10]
होता है हाथ रखने से दिल बेक़रार और
किसकी फ़कीरी में सरो-दिल[11] हर्फ़ का[12] है 'मीर'
करते हैं इस दिमाग़ पर हम इंकिसार[13] और

86

न मिलें गोकि हिज्र[14] में यह जायँ
आशिक़ों का विसाल[15] है कुछ और
'मीर' तलवार चलती है तो चले
खुशख़िरामों[16] की चाल है कुछ और

---

1. हाथ पीटते हुए आर्तनाद और रुदन आगे-आगे, 2. निशान, पताका, 3. मृत्यु शिथिलता अर्थात् थकावट का क्षण है, 4. दुर्बलता, 5. चित्रकार, 6. दुनिया, 7. विश्वास, भरोसा, 8. कब्र, 9. तरह, 10. दिल की बेचैनी, 11. साहस, 12. बातचीत का, 13. विनम्रता, 14. बिछोह, 15. मिलन, 16. मस्त चाल वाले

87

बज़्म[1] में मुँह उधर करें क्योंकर
और नीची नज़र करें क्योंकर
यूँ भी मुश्किल है, यों भी मुश्किल है
सर झुकाये गुज़र करें क्योंकर
राज़पोशी-ए-इश्क़[2] है मंज़ूर
आंखें रो-रो के तर करें क्योंकर
मस्त वो बेख़ुद हम उसके दर पे गये
लोग उसको ख़बर करें क्योंकर
सो रहा बाल मुंह पे खोल के वो
हम शब[3] अपनी सहर[4] करें क्योंकर
दिल नहीं दर्दमंद अपना 'मीर'
आहो-जाले असर करें क्योंकर

88

देखूँ मैं अपनी आँखों से आवे मुझे क़रार
ऐ इंतिज़ार, तुझको किसी का हो इंतिज़ार
किस ढब से राहे-इश्क़ चलूँ, है ये डर मुझे
फूटें कहीं न आबले[5], टूटें कहीं न ख़ार[6]

89

झूठे भी पूछते नहीं टुक हाल जान कर
अनजान इतने क्यों हुए जाते हो जान कर
वे लोग तुमने एक ही शोख़ी में खो दिये
पैदा किये थे चर्ख़[7] ने जो ख़ाक जान कर

90

होता नहीं है बाब इजाबत का वा, हनोज़[8]
बिस्मिल पड़ी है चर्ख़ पे' तेरी दुआ, हनोज़[9]

---

1. महफ़िल, 2. प्रेम को छिपाये रखना, 3. रात, 4. सुबह, 5. छाले, फफोले, 6. कांटे, 7. आसमान, 8. मंज़ूरी यानी स्वीकृति का दरवाज़ा खुलता नहीं है अब तक, 9. आसमान पर तेरी दुआ ज़ख़्मी पड़ी है अब तक

तोड़ा था किसका शीशा-ए-दिल[1] तूने संगदिल[2]
है दिल ख़राश कूचे में तेरे सदा, हनोज़[3]
चुल्लू में उसके मेरा लहू था, सो पी चुका
उड़ता नहीं है ताइरे-रंगे हिना[4], हनोज़

91

हरचंद आस्मां पे' हमारी दुआ गई
उस मह[5] के दिल में करती नहीं कुछ असर हनोज़
बरसों से लखनऊ में अक़ामत[6] है मुझको लेक[7]
याँ के चलन से रखता हूँ अज़्मे सफ़र[8] हनोज़
तेशा से कोहकन के दिले-कोह जल गया[9]
निकले है संग-संग से अक्सर शरर[10] हनोज़

92

आशिक़ के उसको गिरिया-ए-ख़ूनी[11] का दर्द क्या
आँसू नहीं है आँख से जिसकी गिरा हनोज़
बरसों में नामावर[12] से मेरा नाम जो सुना
कहने लगा कि ज़िंदा है वह नंग क्या हनोज़[13]

93

ऐ अब्रे-तर[14] तू और किसी सिम्त[15] को बरस
इस मुल्क में हमारी ही यह चश्मे-तर[16] है बस
हयाँ[17] तो देख, फूल बिखेरे थी कल सबा[18]
इक बर्गे-गुल[19] गिरा न जहाँ था मिरा क़फ़स[20]
मिज़्गाँ[21] भी बह गयीं मेरे रोने से चश्म की
सैलाब मौज मारे तो ठहरे है कोई ख़स[22]

1. दिल का दर्पण, 2. पत्थरदिल, 3. तेरे दिल को चीर देने वाली गली में आवाज़ अब तक है, 4. मेहंदी के रंग का पक्षी, 5. चांद, 6. निवास, 7. लेकिन, 8. चल पड़ने या विदा लेने की आकांक्षा, 9. फ़रहाद की कुदाल से पहाड़ का दिल जल गया, 10. चिनगारियां, 11. ख़ून का रुदन, 12. पगवाहक, 13. अब तक, 14. काली घटा, 15. तरफ़, 16. आँसू-भीगी आंखें, 17. बदकिस्मती, 18. सुबह की हवा, 19. पंखुड़ी, 20. पिंजड़ा, 21. पलकें, 22. घास

मजनूँ का दिल हूँ, महमिले[1]-लैला से हूँ जुदा
तन्हा फिरूँ हूँ, दश्त में ज्यूँ नालए-जरस[2]
ऐ गिरिया[3] उसके दिल में असर ख़ूब ही किया
रोता हूँ जब मैं सामने उसके, तो दे है हँस

94

क्योंकि निकला जाय बहरे-ग़म से मुझ बे दिल के पास
आके डूबी जाती है किश्ती मिरी साहिल के पास
है परीशाँ दश्त में किसका गुबारे-नातवाँ[4]
गर्द कुछ गुस्ताख़ आती है चली महमिल के पास
आह नाले मत किया कर इस तरह बेताब हो
ऐ सितमकश 'मीर', ज़ालिम है जिगर भी दिल के पास

95

जो देखो मिरे शेरे-तर[5] की तरफ़
तो माइल[6] न हो फिर गुहर[7] की तरफ़
कोई दादे-दिल[8] आह किससे करे
हर इक है, सो उस फ़िलागर[9] की तरफ़
मुहब्बत ने शायद कि दी दिल में आग
धुआँ सा है कुछ उस नगर की तरफ़
बड़ी धूम से अब्र आये गये
न कोई हुआ चश्मे-तर की तरफ़
बहुत रंग मिलता है, देखो कभू
हमारी तरफ़ से, सहर[10] की तरफ़

96

क्या नीची आँखें देखो हो तलवार की तरफ़
देखो किन आँखियों ही से गुनहगार की तरफ़

---

1. ऊँट पर स्त्रियों के बैठने के लिए रखा जाने वाला एक विशेष प्रकार का आसन, कजाबा, 2. ऊंट की घंटियों का रुदन-स्वर, 3. रुदन, 4. हल्की धूल, 5. नया ताज़ा शे'र, 6. आकृष्ट, 7. मोती, 8. दिल का इंसाफ़, 9. उपद्रवी यानी माशूक़, 10. सुबह

आवारगी के महो[1] हैं, हम, खानमाँ ख़राब[2]
मुतलक़[3] नहीं नज़र हमें घरबार की तरफ़

97

क्या कहूँ तुमसे मैं, कि क्या है इश्क़
जान का रोग है, बला है इश्क़
इश्क़ ही इश्क़ है जहाँ देखो
सारे आलम में भर रहा है इश्क़
इश्क़ ही तर्ज़ो-तौर[4], इश्क़ के तईं
कहीं बंदा, कहीं ख़ुदा है इश्क़
इश्क़ माशूक़, इश्क़ आशिक़ है
यानी अपना ही मुब्तिला[5] है इश्क
दिलकश ऐसा कहाँ है दुश्मने जाँ
मुद्दई[6] है, पे' मुद्दआ[7] है इश्क़
कौन मक़्सद[8] को इश्क़ बिन पहुँचा
आर्ज़ू[9] इश्क़ मुद्दआ है इश्क़

98

दर्द ही ख़ुद है, ख़ुद दवा है इश्क़
शैख, क्या जाने तू, कि क्या है इश्क़
तू न होवे, तो नज़्म[10] कुल उठ जाय
सच्चे हैं शायरां, ख़ुदा है इश्क़
क्या हक़ीक़त कहूँ, कि क्या है इश्क़
हक़शनासों[11] का, हाँ, ख़ुदा है इश्क़
और तदबीर[12] को नहीं कुछ दख़्ल[13]
इश्क़ के दर्द की दवा है इश्क़

99

लोग बहुत पूछा करते हैं, कहिए मियाँ कि क्या है इश्क़
कुछ कहते हैं सिर्रे-इलाही[14], कुछ कहते हैं ख़ुदा है इश्क़

---

1. तल्लीन, निमग्न, 2. घर-गृहस्थी की चीज़ें बर्बाद हैं, 3. बिल्कुल, तनिक भी 4. रंग-ढंग, 5. व्यस्त, ग्रस्त, 6. प्रतिवादी, 7-8. उद्देश्य, लक्ष्य, 9. अभिलाषा, 10. प्रबंध, इंतज़ाम, व्यवस्था 11. सत्य को पहचानने वालों का, 12. उयाय, 13. हस्तक्षेप, 14. ईश्वरीय रहस्य

इश्क़ की शान अक्सर है अर्फ़ा[1], लेकिन शानें अजायब हैं
गह[2] सारे ही दिमाग़ों दिलों में, गाहे[3] सबसे जुदा है इश्क़
उल्फ़त से परहेज़ किया कर, कुल्फ़त[4] इसमें क़यामत है
यानी दर्दो-रंजो-तअब[5] है, आफ़ते-जाँ है, बला है इश्क़
'मीर' ख़िलाफ़ मिज़ाजे-मुहब्बत, मूजिबे-तल्ख़ी कशीदन[6] है
यार मुआफ़िक़[7] मिल जाये, तो लुत्फ़ है चाह मज़ा है इश्क़

100

है बाद-मेरे मर्ग के आसार से[8] अब तक
सूखा नहीं लोहू दरो-दीवार से अब तक
रंगीनी-ए-इश्क़ उसके मिले पर हुई मालूम
सोहबत[9] न हुई थी किसी ख़ूँख़्वार से अब तक
मुद्दत हुई घुट घुट के हमें शहर में मरते
वाक़िफ़ न हुआ कोई इस अस्रार[10] से अब तक
बरसों हुए दिल-सोख़्ता बुलबुल को मुए लेक[11]
इक दूद[12] से उठाता है चमनज़ार[13] से अब तक
देखा था कहीं साया तेरे क़द का चमन में
हैं 'मीर' जी आवारा परीदार[14] से अब तक

101

मीरे-गुमकदी चमन, ज़मज़मा पर्दाज़ है एक[15]
जिसकी ले दाम[16] से, ता गोशे-गुल[17], आवाज़ है एक
कुछ हो, ऐ मुर्गे-क़फ़स[18], लुत्फ़ न जावे उससे
नौहा नाला[19], हर इक बात का अंदाज़ है एक
गोश को होश के[20], टुक खोल के सुन, शोरे-जहाँ[21]

1. बुलंद, ऊँची, 2. कभी, 3. कभार, 4-5. संकट, मुसीबत, 6. प्रेम के स्वभाव के विरुद्ध नाराज़गी तल्ख़ी की वजह या कारण है, 7. अनुकूल, 8. मृत्यु के चिह्न, 9. संपर्क, संगति, 10. भेद, रहस्य, 11. दिलजली अर्थात् व्यथित बुलबुल को मरे बरसों हो गये, लेकिन, 12. धुआं, 13. बाग से, 14. वह आवारा, जिस पर परी का साया पड़ा हो, 15. 'मीर', जो अपने बाग़ से दूर है, चिड़ियों को चहचहाने वाला एक है, 16. जाल, 17. फूल के कान तक, 18. ओ पिंजड़े के पंछी, 19. शोकगीत या आर्तनाद, 20. चेतना के कान को, 21. सांसारिक शोर

सबकी आवाज़ के पर्दे में, सुख़नसाज़[1] है एक
चाहे जिस शक्ल से, तिम्साले सिफ़त इस में दर आ[2]
आलम, आइने के मानिंद, दरे-बाज़ है एक[3]

102

रहे-मर्ग से[4] क्यों डराते हैं लोग
बहुत उस तरफ़ को तो जाते हैं लोग
रहे हम तो खोये गये से सदा
कभू आप में हम को पाते हैं लोग
उन आँखों के बीमार हैं 'मीर' हम
बजा[5] देखने हमको आते हैं लोग

103

ग़ाफ़िल हैं ऐसे, सोते हैं गोया, जहाँ के लोग
हालाँकि रफ़्तनी[6] हैं, सब इस कारवाँ के लोग
तू हम में और आप में मत दे किसी को दख़्ल[7]
होते हैं फ़ित्नासाज़[8] यही दरमियाँ के लोग
फ़िरदौस[9] को भी आँख उठा देखते नहीं
किस दर्जा सेर चश्म[10] हैं कू-ए-बुतां[11] के लोग
क्या सहल जी से हाथ उठा बैठते हैं हाय
यह इश्क़ पेशगां[12], हैं इलाही[13] कहाँ के लोग

104

क्या इश्क़े-ख़ानासोज़ के[14] दिल में छिपी है आग
इक सारे तन-बदन में मेरे फुँक रही है आग
जल-जल के सब इमारते-दिल ख़ाक हो गई
कैसे नगर को आह मुहब्बत ने दी है आग
रोज़े-अज़ल से[15] आते हैं होते जिगर कबाब

---

1. कथन की पुष्टि करने वाला, 2. तस्वीर की तरह घुस आ, 3. खुला दरवाज़ा एक है, 4. मृत्यु-पथ से, 5. उचित, ठीक, 6. जाने वाले, 7. हस्तक्षेप, 8. उपद्रवी, 9. जन्नत, 10. आत्मतुष्ट, 11. प्रेमिकाओं की गली, 12. प्रेम करना ही जिनका पेशा है, 13. ईश्वर, ख़ुदा, 14. बर्बाद कर देने वाला इश्क़, 15. आदि काल से, सृष्टि के पहले दिन से

क्या आजकल से इश्क़ की यारों जली है आग
यारब हमेशा जलती ही रहती हैं छातियां
यह कैसी आशिकों के दिलों में रखी है आग
अफ़सुर्दगी-ए-सोख़्ता जाना[1] है क़हर 'मीर'
दामन को टुक हिला, कि दिलों की बुझी है आग

105

है आग का-सा नाला-ए-काहिश फ़िज़ा[2] का रंग
कुछ और सुबहदम से हुआ है, हवा का रंग
देखे इधर तो मुझसे न यूं आँख वो छुपाये
ज़ाहिर है मेरे मुँह से मिरे मुद्दआ[3] का रंग
किस बेगुनह के ख़ूँ में तिरा पड़ गया है पाँव
होता नहीं है सुर्ख़ तो ऐसा हिना का रंग
गुल, पैरहन[4] न चाक करें, क्योंकि रश्क[5] से
किस मर्तबे में शोख़ है[6] उसकी क़बा[7] का रंग
पूछे हैं वज्हे-गिरिया-ए-ख़ूनी[8] जो मुझसे लोग
क्या देखते नहीं हैं सब उस बेवफ़ा का रंग
मक़दूर[9] तक न गुज़रे मेरे ख़ूँ से पार, 'मीर'
ग़ैरों से क्या गिला है, यह है आश्ना[10] का रंग

106

अब की हज़ार रंग गुलिस्ताँ में आवे गुल
पर उस बग़ैर अपने तो जी को न आये गुल
नाचार हो 'चमन में न रहिए' कहूँ हूँ जब
बुलबुल कहे है 'और कोई दिन बराये-गुल'[11]
बुलबुल को क्या सुने कोई, उड़ जाते हैं हवास[12]
जब दर्दमंद कहते हैं दम भर के 'हाय गुल'
क्या समझे लुत्फ़ चेहरों के रंगे-बहार का
बुलबुल ने और कुछ नहीं देखा सिवाय गुल

---

1. दिलजलों यानी प्रेमियों का निचुड़ना, 2. कष्ट देने वाला आर्तनाद, 3. मक़्सद, उद्देश्य, 4. पोशाक, 5. ईर्ष्या से, 6. कितना अधिक तेज़ है, 7. कपड़ों का, 8. ख़ून के आंसू रोने का कारण, 9. सामर्थ्य, बस, 10. अभिन्न परिचित, 11. फूल के लिए, 12. होशोहवास

था वस्फ़[1] उन लबों का ज़बाने-क़लम पे 'मीर'
या मुंह में अंदलीब[2] के थे बर्ग-हाय-गुल[3]

107

गुल की जफ़ा भी देखी, देखी वफ़ाए-बुलबुल
यक मुश्त पर पड़े हैं गुलशन में जाय बुलबुल
कर सैरे-जज़्बे-उल्फ़त गुलचों[4] ने कल चमन में
तोड़ा था शाख़े-गुल को, निकली सदाए-बुलबुल
यकरंगियों की राहें तय करके मर गया है
गुल में रंगें नहीं, ये हैं नक़्शे-पाए-बुलबुल[5]
खिंचता है उस तरफ़ ही को बेइख़्तियार दिल
दीवाना दिल, बलाज़दा[6] दिल, बेक़रार दिल
समझा भी तू कि दिल किसे कहते हैं दिल है क्या
आता है जो ज़बां पे' तेरी बार-बार दिल

108

है तहे-दिल बुतों के[7] क्या मालूम
निकले पर्दे से क्या ख़ुदा मालूम
यही जाना, कि कुछ न जाना, हाय
सो भी इक उम्र में हुआ मालूम
इल्म सब को है यह कि सब तू है
फिर है अल्लाह कैसा ना मालूम
इश्क़ जाना था मार रक्खेगा
इब्तदा में थी इंतेहा[8] मालूम
इश्क़ है, ऐ तबीब[9], जी का रोग
लुत्फ़ कर है जो कुछ दवा, मालूम
दिल बजा[10] हो, तो 'मीर' कुछ खावे
कुढ़ने पचने में इश्तहा[11] मालूम

---

1. प्रशंसा, 2. बुलबुल, 3. फूल की पंखुड़ियां, 5. फूल चुनने वाला, 6. बुलबुल के पंजों के निशान, बला अर्थात् मुसीबत में फंसा, 7. सुंदरियों यानी प्रेमिकाओं के दिल में, 8. आरंभ में ही अंत था, 9. इलाज करने वाले, 10. ठीक, 11. भूख

109

खा गई याँ की फ़िक्र सो मौहूम[1]
वहां क्या होगी, कुछ नहीं मालूम
न हुए थे अभी जवां, अफ़सोस
सब्रे - मग़फ़ूर - ओ - ताक़ते - मरहूम[2]
जब ग़ुबार अपने दिल का निकले है
देर रहती है आंधी, कैसी धूल
है अबस यह तरद्दुदो-तशवीश[3]
पहुँचे है वक़्त पर, जो है मक़सूम[4]
साहब अपना है बंदापर्वर 'मीर'
हम जहाँ से न जाएंगे महरूम[5]

110

कौन कहता है मुँह को खोलो तुम
काश, कि पर्दे ही में बोलो तुम
जाना आया है अब जहाँ में हमें
थोड़ी तो दूर साथ हो लो तुम
रात गुज़री है सब तड़पते 'मीर'
आँख लग जाय टुक, तो सो लो 'मीर'

111

ये हुस्ने-ख़ल्क[6] तुममें इश्क़ से पैदा हुआ वर्ना
घड़ी के रूठे को दो-दो पहर तक कब मनाते तुम
नज़र दुज़्दीदा[7] रखते हो, झुकी रखते हो पलकों को
लगी होतीं न आँखें, तो न आँखों को छिपाते तुम
ये सारी ख़ूबियां दिल लगने की हैं, मत बुरा मानो
किसू का बारे-मिन्नत बे इलाक़ा कब उठाते तुम
फ़िरा करते थे जब मग़रूर अपने हुस्न पर आगे
किसू से दिल लगा, जो पूछते हो आते-जाते तुम

---

1. वहम, 2. सब्र और ताक़त ख़त्म है, 3. यह फ़िक्र और परेशानी बेकार है, 4. भाग्य में, 5. वंचित, खाली हाथ, 6. सांसारिक सौंदर्य, शिष्टाचार, 7. चुराये या छिपाये हुए

112

याँ आप ही आप आकर गुम आप में हुए हो
पैदा नहीं कि किसकी करते हो जुस्तजू तुम
चाहें तो तुमको चाहें, देखें तो तुमको देखें
ख़्वाहिश दिलों की तुम हो, आँखों की आर्ज़ू तुम

113

गर्चे आवारा ज्यूँ सबा हैं हम[1]
लेक[2], लग चलने में, बला हैं हम
ऐ बुताँ, इस क़दर जफ़ा[2] हम पर
आक़िबत[3], बंदा-ए-ख़ुदा हैं हम
आस्ताँ[4] पर तिरे ही गुज़री उम्र
उसी दरवाज़े के गदा[5] हैं हम

114

करते हैं गुफ़्तगू, सहर उठ कर, सबा से हम[6]
लड़ने लगे हैं हिज्र[7] में उसके, हवा से हम
होता न दिल का, ता[8] ये सरंजाम[9] इश्क़ का
लगते ही जी के, मर गये होते, बला से हम
दाग़ों ही से भरी रही छाती तमाम उम्र
गह फूल गुल चुना किये, बाग़े-वफ़ा[10] से हम
ग़ाफ़िल[11] न अपनी दीदा दराई से[12] हमको जान
सब देखते हैं, पर नहीं कहते हया[13] से हम

115

हम अपनी चाके-जैब[14] को सी रहते, या नहीं
फाटे में पाँव देने को आये कहाँ से तुम
अब देखते हैं ख़ूब, तो वो बात ही नहीं

---

1. यद्यपि हम हवा की तरह आवारा हैं, 2. लेकिन, 3. अत्याचार, 4. दहलीज, 5. भिक्षुक, 6. सुबह उठ कर हम हवा से बातें करते हैं, 7. वियोग, 9. ताकि, 9. नतीजा, 10. वफ़ा का बाग़, 11. असावधान, 12. बेहयाई, 13. लज्जा, संकोच, 14. फटा हुआ गिरहबान

क्या क्या वगरना कहते थे अपनी ज़बाँ से तुम
खुल जायेंगी फिर आँखें, जो मर जायेगा कोई
आते नहीं हो बाज़ मेरे इम्तिहाँ से तुम
जितने थे कल तुम, आज नहीं पाते उतना हम
हरदम चले ही जाते हो, आबे-रवाँ[1] से तुम

116

यारब उस महबूब को फिर इक नज़र देखेंगे हम
अपनी आँखों से उसे याँ जल्वागर[2] देखेंगे हम
मैं कहा देखो इधर टुक तुम, तो मैं भी जान हूँ
हँस के बोले, ये तिरी बातें हैं, पर देखेंगे हम
यूँ न दिल देंगे किसी सीमीबदन ज़र्दोस्त को[3]
इब्तिदाए-इश्क़ में[4] अपना भी घर देखेंगे हम

117

निस्बत तो हम दिगर है, गो दूर की हो निस्बत[5]
हम हैं नवा-ए-बुलबुल[6], हो गुल के रंगो-बू[7] तुम

118

जी के तईं, छुपाते नहीं, यूँ तो ग़म से हम
पर तंग आ गये हैं तुम्हारे सितम से हम

119

सोज़िशे-दिल[8] से मुफ़्त गलते हैं
दाग़ जैसे चिराग़ जलते हैं
इस तरह दिल गया कि हम अब तक
बैठे रोते हैं हाथ मलते हैं
भरी आती हैं आज यूं आँखें

---

1. बहते हुए पानी की भांति 2. प्रकट होते हुए, सामने आते हुए, 3. किसी चांदी जैसे जिस्म वाले को, जिसे सोने से लगाव हो, 4. प्रेम की शुरुआत में, 5. आपसी रिश्ता तो है, हालांकि दूर का है, 6. बुलबुल की आवाज़, 7. फूल का रंग और खुशबू, 8. दिल का जलना

जैसे दरिया कहीं उबलते हैं
दमे-आख़िर[1] है बैठ जा, मत जा
सब्र कर टुक कि हम भी चलते हैं
तेरे बेख़ुद[2] जो हैं सो क्या चेतें
ऐसे डूबे कहीं उछलते हैं?
'मीर' साहब को देखिए जो बने
अब बहुत घर से कम निकलते हैं

120

जिनके लिए अपने तो यूं जान निकलते हैं
इस राह में वे जैसे अनजान निकलते हैं
मत सहल हमें जानो फिरता है फ़लक[3] बरसों
तब ख़ाक के परदे से इन्सान निकलते हैं
किसका है क़िमाश[4] ऐसा गूदड़ भरे हैं सारे
देखो न जो लोगों के दीवान निकलते हैं
इन आईना-रूयों[5] के क्या 'मीर' भी आशिक़ हैं
जब घर से निकलते हैं हैरान निकलते हैं

121

जफ़ाएं देख लियां बेवफ़ाइयां देखीं
भला हुआ कि तेरी सब बुराइयां देखीं
तेरे विसाल[6] के हम शौक़ में हो आवारा
अज़ीज़ दोस्त सभों की जुदाइयां देखीं
शहां[7] कि कुहले-जवाहर[8] थी ख़ाके-पा[9] जिनकी
उन्हीं की आँखों में फिरती सलाइयां[10] देखीं
बनी न अपनी तो उस जंगजू[11] से अपनी 'मीर'
लड़ाईं जब से हम आँखें, लड़ाइयां देखीं

---

1. अन्त समय, 2. आत्म-विस्मृत प्रेमी, 3. आसमान, 4. ढंग, 5. दर्पण जैसे (निर्मल) चेहरों वाले 6. मिलन, 7. बादशाह लोग, 8. जवाहर का सुरमा, 9. चरण-रज, 10. आँखों का फोड़ा जाना (संभवतः इसमें शाह आलम की गुलाम क़ादिर रुहेले द्वारा आँखें फोड़े जाने की ओर संकेत है) 11. लड़ाकू (प्रियतम)

122

कर नालाकशीं[1] कब तईं[2] औक़ात[3] गुज़ारें
फ़रियाद करें किस से, कहां जाके पुकारें
दिल में जो कभी जोशे-ग़म उठता है तो तादेर[4]
आँखों से चली जाती हैं दरिया की सी धारें
जिस जगह ख़सो-ख़ार[5] के अब ढेर लगे हैं
यां हमने इन्हीं आँखों से देखी हैं बहारें
मंजूर है कब से सरे-शोरीदा का देना
बढ़ जाय नज़र कोई तो यह बोझ उतारें
नाचार हो रुख़सत जो मंगा भेजी तो बोला
मैं क्या करूं, जो 'मीर' जी जाते हैं, सिधारें

123

आरज़ूएं हज़ार रखते हैं
तो भी हम दिल को मार रखते हैं
बर्क़[6] कम-हौसला है, हम भी तो
दिलके-बेक़रार[7] रखते हैं
न निगह, ने[8] पयाम, ने वादा
नाम को कम भी यार रखते हैं
हम से ख़ुश-ज़मज़मा[9] कहां, यूं तो
लबो-लहजा[10] हज़ार[11] रखते हैं
चोट्टे दिल के हैं बुतां मशहूर
बस यही एतबार रखते हैं
फिर भी करते हैं 'मीर' साहब इश्क़
हैं जवां, इतिख़्यार रखते हैं

124

करते हैं जो कि जी में ठाने हैं
ख़ूबरु[12] किसकी बात माने हैं

1. रोना, 2. तक, 3. समय, 4. देर तक, 5. घास-फूल, 6. बिजली, 7. बेचैन दिल, 8. न, 9. अच्छा गाने वाले, 10. अच्छी आवाज़, 11. हज़ारों लोग या बुलबुल (हज़ार दास्तां), 12. सुन्दर लोग

जा हमें उस गली में गिर रहना
जोफ़ो-बेताक़ती[1] बहाने हैं
पूछ अहले-तरब[2] से शौक़ अपना
वे ही जानें जो ख़ाक छाने हैं
इश्क करते हैं इस परीरू[3] से
'मीर' साहब भी क्या दिवाने हैं

125

फ़िराक़[4] आँख लगने की जा[5] ही नहीं
पलक से पलक आशना[6] ही नहीं
मुहब्बत जहां की तहां हो चुकी
कुछ इस रोग की है दवा ही नहीं
वो क्या कुछ नहीं हुस्न के शहर में
नहीं है तो रस्मे-वफ़ा ही नहीं
नहीं दैर[7] अगर 'मीर' काबा तो है
हमारे कोई क्या ख़ुदा ही नहीं

126

मुहब्बत ने खोया खपाया हमें
बहुत उनने ढूंढ़ा न पाया हमें
गहे[8] तर रहों गाह[9] खूंबस्ता[10] थी
इन आँखों ने क्या क्या दिखाया हमें
मले डाले है दिल कोई इश्क़ में
ये क्या रोग यारब लगाया हमें
जवानी दिवानी सुना क्या नहीं
हसीनों का मिलना ही भाया हमें
न समझी गयी दुश्मनी इश्क़ की
बहुत दोस्तों ने जताया हमें
कोई दम कल आयी थी मजलिस में 'मीर'
बहुत इस ग़ज़ल पर रुलाया हमें

1. कमज़ोरी, 2. सुखी लोग, 3. सुन्दर प्रियतम, 4. विरह, 5. जगह, 6. परिचित, 7. मंदिर
8. कभी, 9. कभी, 10. खून में चिपकी हुई

127

इश्क़ ने ख़्वारो-ज़लील किया, हम सर को बिखेरे फिरते हैं
सोज़ो-दर्दो-दाग़ो अलम[1] सब जी को घेरे फिरते हैं
दिल लश्कर में एक सिपाहीज़ादे ने हमसे छीन लिया
हम दरवेश तलब में उसकी डेरे डेरे फिरते हैं
बेख़ुद[2] उसके ज़ुल्फ़ो-रुख़ के काहे को आप में फिर आयें
हम कहते हैं तसल्ली दिल को सांझ सवेरे फिरते हैं
पाये-निगार-आलूदा कहां पर सांझ को 'मीर' ने देखे थे
सुबह तक अब भी आँखों में उसकी पांओं[3] तेरे फिरते हैं

128

जाये है जी नजात के ग़म[4] में
ऐसी जन्नत गयी जहन्नुम में
आप में हम नहीं तो क्या है अजब
दूर उससे रहा है क्या हम में
बेख़ुदी[5] पर न 'मीर' की जाओ
तुमने देखा है और आलम में

129

जिसका ख़ूबा[6] ख़याल लेते हैं
दिल कलेजा निकाल लेते हैं
क्या नज़रगाह[7] है कि शर्म से गुल
सर गरेबां में डाल लेते हैं
हैं गदा[8] 'मीर' भी वले[9] दो जहां
करके इक ही सवाल लेते हैं

130

सुबह हुई गुलज़ार में तायर[10] दिल को अपने टटोलें हैं
याद में उस ख़ुद-रौ[11] गुले-तर के कैसे कैसे बोलें हैं

---

1. जलन, दर्द, दाग़ और रंज, 2. प्रेमी, 3. पांव, 4. स्वर्ग-प्राप्ति, 5. आत्म-विस्मृति 6. सुन्दर व्यक्ति, 7. देखने की जगह, 8. भिखारी, 9. किन्तु, 10. चिड़ियां, 11. अपने आप उगने वाला

बाग़ में जो हम दीवाने से जा निकलें हैं नाला-कुनां[1]
गुंचे[2] होकर मुर्ग़[3] चमन के साथ हमारे हो लें हैं
यार हमारा आसां क्या कुछ सीना-कुशादा[4] हम से मिला
ख़ून करें हैं जब दिल को वे बंद क़बा के खोलें हैं
हमें जो बरसे है शिद्दत से देख अंधेरी क्या है यह
यानी तंग जो हम आये हैं दिल को खोल के रो ले हैं
मर्ग[5] का वक़्फ़ा[6] इस रस्ते में क्या है 'मीर' समझते हो
हारे मांदे राह के हैं हम लोग कोई दम सो लें हैं

131

यूं नाकाम रहेंगे कब तक जी में है इक काम करें
रुसवा होकर मारे जावें उसको भी बदनाम करें
जिसको ख़ुदा देता है सब कुछ वे ही सब कुछ देते हैं
टोपी लंगोटी पास अपने हम इस पर क्या इनआम करें
मुंह खोले तो रोज़ है रौशन ज़ुल्फ़ों के बिखरे रात है फिर
इन तौरों से आशिक़ क्योंकर सुबह को अपनी शाम करें
मैले-गदाई[7] तबा[8] को अपनी कुछ भी नहीं है वरना 'मीर'
दो आलम को मांग के लायें हम जो तनिक अबराम[9] करें

132

उससे घबरा के जो कुछ कहने को आ जाता हूँ
दिल की फिर दिल से लिये चुपके चला जाता हूँ
गर्चे खोया सा गया हूँ पे तहे-हर्फ़ो-सुख़न[10]
उस फ़रेबन्दा-ए-उश्शाक़[11] की पा जाता हूँ
मजलिसे-यार में तो बार नहीं पाता हूँ
दरो-दीवार को अहवाल सुना जाता हूँ
इक बियाबाँ है मेरी बेकसी-ओ बेताबी
जैसे आवाज़े-जरस[12] सबसे जुदा जाता हूँ
गर्मी-ए-इश्क़ है हमदम अभी हल्की दिल में
रोज़ों-शब, शामों-सहर मैं तो जला जाता हूँ

1. रोते हुए, 2. कलियों (की भांति चुप), 3. पक्षी, 4. खुलकर, 5. मौत, 6. ठहरना, 7. भिक्षा की इच्छा, 8. तबियत, 9. तंग करना 10. बात की तह में, 11. आशिक़ों को धोखा देने वाला, 12. ऊँट की घंटी की आवाज़

133

आँखें सफ़ेद दिल भी जला इंतज़ार में
क्या-कुछ न हम भी देख चुके हिज्रे-यार[1] में
दुनिया में एक दो नहीं करता कोई मुक़ाम
जो है रवारवी ही में है इस दयार[2] में
देखी थी एक रोज़ तेरी मस्त अँखड़ियाँ
अँगड़ाइयाँ-सी लेते हैं अब तक ख़ुमार में
शोर अब चमन में मेरी ग़ज़लख़्वानी[3] का है पीर
इक अंदलीब[4] क्या है कहूँ मैं हज़ार में

134

वो सूरतें इलाही किस मुल्क बसतियाँ हैं
जिनके निहारने को आँखें तरसतियाँ हैं
हम भी तो फ़स्ले-गुल में, चल टुक तो पास बैठें
सर जोड़-जोड़ कैसे कलियां निकलतियाँ हैं

135

बारहा[5] वादों की रातें आइयाँ
तालेओं[6] ने सुबह का दिखलाइयाँ
ज़िल्ले-हक़[7], हमको भी वो ही चाहिए
ज्यूँ हमारी होती हैं परछाइयाँ
एक भी चश्मक[8] ने उस मह[9] की सी की
आँखें तारों ने बहुत झमकाइयाँ
एक ने सूरत न पकड़ी, पेशे-यार[10]
दिल में शक्लें सैकड़ों ठहराइयाँ
रूकशी[11] को उसकी, मुँह भी चाहिए
माह के चेहरे पे' हैं सब झाइयाँ
चल चमन में, यह भी है कोई रबिश[12]
नाज़ ता कै[13], चंद्र बे परवाइयाँ

1. प्रेमी के वियोग में, 2. दुनिया, 3. ग़ज़ल पढ़ना, 4. बुलबुल 5. बार बार, 6. क़िस्मत ने, 7. ख़ुदा का साया, 8. इशारा, 9. चांद, 10. यार के सामने 11. आकर्षण, 12. तरीक़ा, 13. नाज़ यानी गर्व कब तक

शौक़े-क़ामत में[1] तिरे, ए नौनिहाल[2]
गुल की शाख़े लेती हैं अँगड़ाइयाँ
पास[3] मुझको भी नहीं है 'मीर' अब
दूर पहुँची हैं मिरी रुसवाइयाँ[4]

136

बेकली, बेख़ुदी[5], कुछ आज नहीं
एक मुद्दत से वह मिज़ाज[6] नहीं
हमने अपनी सी बहुत की लेकिन
मर्ज़े-इश्क़ का इलाज नहीं
शहरे-खूबी[7] को खूब देखा 'मीर'
जिंसे-दिल[8] का कहीं रिवाज़ नहीं

137

उसके कूचे से जो उठ, अहले-वफ़ा जाते हैं
ता नज़र काम करे, रु ब क़फ़ा जाते हैं[9]
मुत्तसिल[10] रोते ही रहिए, तो मुझे आतिशे-दिल
एक दो आँसू तो और आग लगा जाते हैं
वक़्त ख़ुश उनका जो हमबज़्म हैं तेरे[11], हम तो
दरो-दीवार को अहबाल सुना जाते हैं
एक बीमारे-ज़ुदाई[12] हूँ मैं आप ही, तिस पर
पूछने वाले जुदा[13] जान को खा जाते हैं

138

आज हमारे घर आया तू, क्या है याँ, जो निसार[14] करें
इल्ला[15] खेंच बग़ल में तुझ को देर तलक हम प्यार करें
शेवा[16] अपना बेपर्वाई, नौमीदी[17] से ठहरा है
कुछ भी वह मग़रूर दबे, तो मिन्नत हम सौ बार करें

---

1. क़द के प्रेम में 2. नयी उम्र का प्रेमी, 3. लिहाज, 4. बदनामियां 5. आत्मविस्मृति, 6. स्वभाव, 7. रूपनगर, 8. दिल की चीज़, 9. जहां तक नज़र जाती है, पीछे मुड़कर देखते हुए जाते हैं, 10. लगातार, 11. अच्छा वक़्त उन्हीं का है जो तुम्हारी संगति में हैं, 12. जुदाई का मारा हुआ, 13. अलग, 14. लुटाएं, न्योछावर करें, 15. इसके अलावा, 16. स्वभाव, 17. निराशा

139

इश्क़ ने हमको मार रखा है, जी में अपने ताब[1] नहीं
दिल को ख़याले-सब्र[2] नहीं,. आँखों को मैले-ख़्वाब[3] नहीं
कोई सबब ऐसा हो यारब, जिससे इज़्ज़त रह जाये
आलम में असबाब के हैं[4], पर पास अपने असबाब[5] नहीं
रंग शिकस्ता[6], दिल है शिकस्ता, सर है शिकस्ता, मस्ती में
हाल किसू का अपना सा, इस मैख़ाने में ख़राब नहीं

140

हमको कहने के तईं, बज़्म में जा देते हैं[7]
बैठने पाते नहीं हम, कि उठा देते हैं

141

गूंध के गोया पत्ती गुल की, वह तरकीब बनाई है
रंग बदन का तब देखो, जब चोली भीगे पसीने में

142

रफ़्तगाँ में जहाँ के[8], हम भी हैं
साथ उस कारवाँ के हम भी हैं
शमूअ ही सर न दे गई बर्बाद
कुश्ता[9] अपनी ज़बाँ के हम भी हैं
बोसा मत दे किसू के दर पे, नसीम
ख़ाक उस आस्ताँ के[10] हम भी हैं
वजहे-बेगानगी[11] नहीं मालूम
तुम जहाँ के हो, वाँ के हम भी हैं
अपना शेवा नहीं कजी[12], यूँ तो
यार भी, टेढ़े-बांके हम भी हैं

---

1. ताक़त, 2. धैर्य-ध्यान, 3. नींद का लगाव, 4. भौतिक संसार में हैं, 5. वस्तुएं, सामान, 6. उड़ा हुआ, टूटा हुआ, झुका हुआ, 7. महफ़िल में जगह देते हैं, 8. दुनिया के गुज़रे हुए लोगों में, 9. क़त्ल किया हुआ, 10. उस चौखट की धूल, 11. बेरुखी का कारण, 12. अपना स्वभाव कुटिल नहीं

143

जब लग गये झमकने रुख़्सारे-यार[1] दोनों
तब मेहरो-मह ने[2] अपनी आँखें छुपा लियाँ हैं
सुबह-चमन का जल्वा[3] हिंदी बुतों में देखा
संदल भरी जबीं है[4], होंठों की लालियाँ हैं
इन गुलरुख़ों की क़ामत[5] लहके है यूँ हवा में
जिस रंग से लचकतीं फूलों की डालियाँ हैं
वो दुज़्दे-दिल[6] नहीं तो, क्यों देखते हो मुझको
पलकें झुका लियाँ हैं, आँखें चुरा लियाँ हैं
चलते हैं वो, तो ठोकर लगती है 'मीर' दिल को
चालें ही दिलबरों की सबसे निरालियाँ हैं

144

न गया ख़याले-जुल्फ़े-सियहे-जफ़ा शिआराँ[7]
न हुआ कि सुबह होवे, शबे-तीरां रोज़गाराँ[8]
न कहा था ऐ रफ़ूगर तिरे टांके होंगे ढीले
न सिया गया ना आख़िर, दिले-चाके-बेक़राराँ[9]
हुई ईद, सब ने पहले, तरबो-ख़ुशी के जामे[10]
न हुआ कि हम भी बदलें, ये लिवासे-सोमवाराँ[11]
कहीं ख़ाके-कू को उसकी, तू सबा न दीजो जुम्बिश[12]
कि गरे हैं उस ज़मीं में, जिगरे-जिगरफ़िगाराँ[13]
रखे ताजे-ज़र को[14] सर पर, चमने-ज़माना में गुल
न शिगुफ़्ता[15] हो तू इतना, कि ख़िज़ाँ है यह बहराँ[16]
य' सुना था 'मीर' हमने, कि फ़साना ख़्वाब लावे[17]
तिरी सरगुज़श्त[18] सुन कर, गये और ख़्वाबे-याराँ[19]

---

1. प्रेमिका के गाल, 2. सूरज और चांद, 3. बाग की सुबह का नज़ारा, 4. माथा, 5. फूल जैसे चेहरे वालों का क़द, 6. दिल में चोर, 7. अत्याचारियों की लटों का ध्यान न गया, 8. उनकी रातें, जिनके दिन भी काले हैं, 9. बेक़रारों के ज़ख़्मी दिल, 10. ख़ुशी की पोशाक, 11. शोक के कपड़े, 12. ओ हवा, तू उसकी गली की धूल को अस्त-व्यस्त न करना, 13. घायलों के जिगर, 14. स्वर्ण-मुकुट, 15. ख़ुश, 16. यह बसंत पतझर है, 17. कि कहानी सुनते हुए नींद आ जाती है, 18. आपबीती, 19. दोस्तों की नींद उड़ गई

145

ख़ून टपके है पड़ा, नोक से हर इक को हनोज़
किस सितमदीदा की मिज़्गाँ हैं तहे-ख़ारे-चमन[1]
कम नहीं है दिले-पुर-दाग़ भी, ऐ मुर्ग़े-असीर
गुल में क्या है, जो हुआ है तू तलबगारे-चमन[2]

146

किस किस अब अपनी ख़्वाहिशे-मुर्दा[3] को दोहए
थीं हमको उससे सैकड़ों उम्मीदवारियाँ
पढ़ते फिरेंगे गलियों में इन रेख़्तों[4] को लोग
मुद्दत रहें भी याद ये बातें हमारियाँ
गुल ने हज़ार रंग, सुख़न सर किया बले[5]
दिल से गईं न बातें तिरी प्यारी प्यारियाँ

147

हम आप ही को अपना मक़सूद[6] जानते हैं
अपने सिवाय, किसको मौजूद जानते हैं
इज्ज़ो-नियाज़[7] अपना, अपनी तरफ़ है सारा
इस मुश्ते-ख़ाक[8] को हम, मस्जूद[9] जानते हैं
सूरत पिज़ीर हम बिन हर्गिज़ नहीं वह माना[10]
अहले नज़र[11] हमीं को माबूद[12] मानते हैं
इश्क़ उनकी अक़्ल को है, जो मासिवा हमारे[13]
नाचीज़ जानते हैं, नाबूद[14] जानते हैं
अपनी ही सैर करने, हम जल्वागर[15] हुए थे
इस रम्ज़ को वलेकिन् मादूद मानते हैं[16]

---

1. बाग़ के कांटों के नीचे किस मुसीबतज़दा की पलकें हैं, कि हरेक नोक से अब तक ख़ून टपक रहा है, 2. ऐ बंदी पक्षी, दाग़ों से भरा दिल कम नहीं है, फूल में ऐसा क्या है जो तू बाग़ में जाना चाहता है? 3. मुर्दा इच्छाएं, 4. शे'रों को, 5. फूल ने हज़ारों रंग में बातें कहीं, लेकिन, 6. मक़सद, लक्ष्य, 7. विनम्रता, 8. मुट्ठी भर धूल को, 9. प्रणम्य, जिसे माथा नवाया जाये, 10. वह तत्व हमारे बिना शक्ल लेने में सक्षम बिल्कुल नहीं है, 11. दृष्टिवान लोग, 12. ख़ुदा, 13. हमारे अलावा, 14. अस्तित्वहीन, 15. प्रकट, 16. इस रहस्य को लेकिन कम लोग जानते हैं

मर कर भी हाथ आवे, तो 'मीर' मुफ़्त है वह
जी के ज़ियान[1] को भी हम सूद[2] मानते हैं

148

तलवार गर्क़े-ख़ूँ[3] है, आँखें गुलाबियाँ हैं
देखें तो तेरी कब तक, यह बद शराबियाँ हैं[4]
मेहमान 'मीर' मत हो, ख़्वाने-फ़लक पे'[5] हर्गिज़
खाली यह महरो-मह की[6] दोनों रकाबियाँ[7] हैं

149

आ जायँ हम नज़र जो कोई दम, बहुत है याँ
मोहलत हमें बसाने-शरर[7], कम बहुत है याँ
हासिल है क्या, सिवाय तराई के, दहर[9] में
उठ आस्मां तले से, कि शबनम बहुत है याँ
इस बुतकदे में[10], माना का[11] किससे करें सवाल
आदम नहीं है, सूरते-आदम बहुत हैं याँ
मेरे हलाक करने का, ग़म है अबस[12] तुम्हें
तुम शाद[13] ज़िन्दगानी करो, ग़म बहुत हैं याँ
शायद कि काम सुबह तक अपना खिंचे न 'मीर'
अहवाल[14] आज शाम से दरहम[15] बहुत हैं याँ

150

लब तिरे लाले-नाब[16] हैं दोनों
पर तमामी इताब[17] हैं दोनों
तन के मामूरे में[18] यही दिलो-चश्म[19]
घर थे दो, सो ख़राब हैं दोनों
सौ जगह उसकी आँखें पड़ती हैं
जैसे मस्ते-शराब हैं दोनों

1. जीवन हानि, 2. लाभ 3. ख़ून में डूबी हुई, 4. शराब के नशे में धुत्त बदमस्ती करती हैं, 5. आसमान के भोजन-आसन पर, 6. सूरज चांद की, 7. तश्तरियां, 8. चिनगारी की भांति, 9. दुनिया, 10. मंदिर में, 11. अर्थ का, 12. व्यर्थ, बेकार, 13. खुश, 14. हालत, 15. अस्त-व्यस्त, 16. असली जवाहरात, 17. बहुत गुस्से में, 18. बस्ती में, 19. दिल और आँखें

पाँव में वह नशा तलब का[1] नहीं
अब तो सरमस्ते-ख़्वाब[2] हैं दोनों
एक सब आग, एक सब पानी
दीदा-ओ-दिल अज़ाब हैं दोनों[3]
आगे दरिया थे दीदा-ए-तर[4] 'मीर'
अब जो देखो, सराब[5] हैं दोनों

151

मुद्दई[6] मुझको खड़े साफ़ बुरा कहते हैं
चुपके तुम सुनते हो बैठे, इसे क्या कहते हैं
हुस्न तो है ही, करो लुत्फ़े-ज़बाँ[7] भी पैदा
'मीर' को देखो, कि सब लोग भला कहते हैं

152

इश्क़ में जी को सब्रो-ताब[8] कहाँ
उससे आँखें लगीं, तो ख़्वाब[9] कहाँ
हस्ती अपनी है बीच में पर्दा
हम न होवें, तो फिर हिजाब[10] कहाँ
गिरिया-ए-शब से[11] सुर्ख़ हैं आँखें
मुझ बलानोश को[12] शराब कहाँ
इश्क़ है आशिक़ों के जलने को
यह जहन्नुम[13] में है अज़ाब[14] कहाँ
इश्क़ का घर है 'मीर' से आबाद
ऐसे फिर खानुमाँ ख़राब[15] कहाँ

153

यारो, मुझे मुआफ़ रखो मैं नशे में हूँ
अब दो, तो जाम ख़ाली ही दो, मैं नशे में हूँ

---

1. इच्छा का, 2. नींद में डूबे हुए, 3. आँखों और दिल, दोनों मुसीबत हैं, 4. अश्रुपूर्ण आँखें, 5. मरीचिका, 6. आरोपी, 7. ज़बान का लुत्फ़, 8. धैर्य और शक्ति, 9. नींद, 10. लाज, शर्म, 11. रात के आंसुओं से, 12. पियक्कड़, 13. नर्क, 14. यातना, 15. बेघरबार

मस्ती से दरहमी है[1], मिरी गुफ़्तगू[2] के बीच
जो चाहो तुम भी मुझको कहो, मैं नशे में हूँ
या हाथो-हाथ लो मुझे, मानिंदे-जामे-मै[3]
या थोड़ी दूर साथ चलो, मैं नशे में हूँ
माजूर हूँ[4], जो पाँव मिरा बेतरह पड़े
तुम सरगिराँ[5] तो मुझसे न हो, मैं नशे में हूँ
भागी नमाज़े-जुमा[6] तो जाती नहीं है कुछ
चलता हूँ मैं भी टुक तो रहो, मैं नशे में हूँ
नाज़ुक मिज़ाज आप क़यामत है[7], 'मीर जी'
ज्यूँ शीशा[8], मेरे मुंह न लगो, मैं नशे में हूँ

154

रहता है पेशे-दीदा-ए-तर[9] आह का सुभाव
जैसे मुसाहिब अब्र[10] की होती है कोई बाउ
हासिल कोई उमीद हुई हो तो मैं कहूं
ख़ूँ ही हो आ गये हैं मेरे दिल में सब रचाव

155

कश्ती-ए-चश्म[11] डूब रही बहरे-इश्क़[12] में
आयी न पार होते नज़र आशिक़ों की नाव
सीने के अपने ज़ख़्म से ख़ातिर हो जमा क्या
दिल ही की ओर पाते हैं सब लोहू का बहाव
ग़ैरत का इश्क़ की है तरीक़ा ही कुछ जुदा
उसकी गली की ख़िज्र[13] को भी राह मत बताओ
ज़ाहिर है देखने से गुनह क्योंकि तेरे सब
छुपते हैं 'मीर' कोई दिलों के कहीं लगाव

---

1. लड़खड़ाहट, 2. बातचीत, 3. शराब के प्याले की तरह, 4. विवश, 5. नाराज़, 6. जुमे की नमाज़, 7. भयंकर, 8. शराब की बोतल की तरह, 9. भीगी आँख के आगे, 10. बादल, 11. आँख-रूपी नाव, 12. प्रेम-रूपी समुद्र, 13. भूले-भटकों को रास्ता बताने वाला एक बुजुर्ग

156

शैख़ जी आओ मुसल्ला[1] गिरवे-जाम[2] करो
जिन्से तक़वा[3] के तईं[4] सर्फ़े-मै-ओ-जाम[5] करो
नेकनामी व तक़ावत[6] को दुआ जल्द कहो
दीनो-दिल पेशकशे-सादाए-ख़ुदकाम करो
सायाए-गुल[7] में लबे-जू[8] पे गुलाबी[9] रक्खो
हाथ में जाम को लो, आपको बदनाम करो
रात तो सारी कटी सुनते परीशां गोई
'मीर' जी कोई घड़ी तुम भी तो आराम करो

157

सब सरगुज़श्त[10] सुन चुके अब चुपके हो रहो
आख़िर[11] हुई कहानी मेरी तुम भी सो रहो
जोशे-मुहीते-इश्क़ में क्या जी से गुफ़्तगू
इस गौहरे-गिरामी[12] से अब हाथ धो रहो
इतना सियाह-ख़ानए-आशिक़[13] से नंग[14] क्या
कितने दिनों में आये हो यां रात तो रहो
ख़तरा बहुत है 'मीर' रहे-सअ़बे-इश्क़[15] में
ऐसा न हो कहीं कि दिलों-दीं को खो रहो

158

आराम हो चुका मिरे जिस्मे-नज़ार को[16]
रक्खे ख़ुदा जहाँ में दिले-बेक़रार को
पानी में जैसे ग़ुंचा-ए-लाला[17] फिरे बहा
देखा मैं आंसुओं में दिले-दाग़दार[18] को
हँसता ही मैं फिरूँ जो मिरा कुछ हो इख़्तियार[19]
पर क्या करूँ मैं दीदा-ए-बे इख़्तियार[20] को

---

1. वह कपड़ा जिस पर नमाज़ पढ़ी जाती है, 2. शराब के लिए गिरवी रखना, 3. धार्मिकता की पूँजी, 4. को, 5. शराब के लिए ख़र्च, 6. पवित्रता, 7. फूलों के साये में, 8. नहर के किनारे, 9. सुराही, 10. कहानी, 11. समाप्त, 12. कीमती मोती, 13. प्रेमी के अन्धेरे घर, 14. शर्म, 15. प्रेम का कठिन मार्ग, 16. कमजोर जिस्म, 17. लाला की कली, 18. दाग़ युक्त दिल, 19. वश, अधिकार, 20. जिन आँखों पर कोई अधिकार न हो

किस किस की ख़ाक अब की मिलानी है ख़ाक में
जाती है फिर नसीम[1] उसी रहगुज़ार[2] को
ऐ, वो कोई जो आज पिये है शराबे-ऐश[3]
ख़ातिर में रखियो कल के भी रंजो-खुमार[4] को

159

ख़ूबी यही नहीं है कि अंदाज़ो-नाज़[5] हो
माशूक़ का है हुस्न, अगर दिलनवाज़[6] हो
हम से बग़ैरे-इज्ज़[7] कभू कुछ बना न 'मीर'
खुशहाल वो फ़क़ीर, कि जो बेनियाज़[8] हो

160

जिस राह हो के आज मैं पहुँचा हूँ तुझ तलक
काफ़िर का भी गुज़ार इलाही उधर न हो
यक जा[9] न देखी आँखों से ऐसी, तमाम राह
जिसमें बजाय नक़्शे-क़दम, चश्मे-तर न हो[10]
हर इक क़दम पे' लोग डराने लगे मुझे
हाँ हाँ, किसू शहीदे-मुहब्बत का सर न हो
चलियो सँभल के, सब वो शहीदाने-इश्क़[11] हैं
तेरा गुज़ार[12] ताकि किसू नाश पर[13] न हो
हैराँ हूँ मैं, कि ऐसी यह मश्हद[14] है कौन सी
मुझ से ख़राब हाल को जिसकी ख़बर न हो
आता है यह क़यास में[15] अब तुझको देख कर
ज़ालिम, जफ़ाशिआर[16], तिरा रहगुज़र[17] न हो

161

हो कोई बादशाह, कोई याँ बज़ीर हो
अपनी बला से, बैठ रहे जब फ़क़ीर हो

---

1. हवा, 2. राह, पथ, 3. ऐश की शराब, 4. रंज और खुमार, 5. गर्व का भाव, 6. आकर्षणयुक्त, 7. विनम्रता रहित, 8. निर्लिप्त, 9. एक भी जगह, 10. जिसमें पैरों के निशान के बजाय गीली आँख न हो, 11. इश्क़ के शहीद, 12. गुज़रना, 13. किसी लाश पर से, 14. क़त्लगाह, 15. ध्यान में, 16. क्रूर, निर्दयी, 17. मार्ग, रास्ता

याँ बर्गे-गुल[1] उड़ाते हैं परकाला-ए-जिगर[2]
जा अंदलीब[3], तू न मिरी हमसफ़ीर[4] हो
किस तरह आह ख़ाके-मज़ल्लत[5] से मैं उठूँ
उफ़्तादा तर[6] जो मुझ से मिरा दस्तगीर[7] हो

162

अब की बहुत है शोरे बहाराँ[8], हमको मत ज़ंजीर करो
दिल की हवस कुछ हम भी निकालें, धूमें हमको मचाने दो
अर्सा[9] कितना सारे जहाँ का, वहशत[10] पर जो आ जावें
पाँव तो हम फैला देंगे, पर फ़ुर्सत हम को पाने दो
क्या जाता है इसमें हमारा, चुपके हम तो बैठे हैं
दिल जो समझना था सो समझा, नासेह[11] को समझाने दो
बातें बनाना मुश्किल-सा है, शे'र सभी याँ कहते हैं
फ़िक्रे-बलंद से[12] यारों को एक ऐसी ग़ज़ल कहलाने दो

163

दिल खुलता है वाँ, सोहबते-रिंदाना[13] जहाँ हो
मैं ख़ुश हूँ उसी शहर से, मैख़ाना जहाँ हो
इन उजड़ी हुई बस्तियों में दिल नहीं लगता
है जी में वहीं जा बसें, वीराना जहाँ हो

164

होगा किसू दीवार के साये में पड़ा 'मीर'
क्या काम मुहब्बत से उस आरामतलब को

165

बारे[14] दुनिया में रहो ग़मज़दा या शाद[15] रहो
ऐसा कुछ करके चलो याँ कि बहुत याद रहो

1. पंखुड़ियां, 2. जिगर के टुकड़े, 3. बुलबुल, 4. हम आवाज़, 5. अपमान की धूल, 6. ज़्यादा परेशान, 7. सहायक, मददगार, 8. बहारों का शोर, 9. फैलाव, विस्तार, 10. पागलपन, 11. उपदेशक, 12. उच्च कल्पना, 13. पीने वालों की संगति, 14. आख़िरकार, 15. दुखी या ख़ुश

166

हम हैं मजरूह[1] माज़रा है यह
वह नमक छिड़के है मज़ा है यह
आगे था इब्तदाए-इश्क़[2] में हम
अब जो हैं ख़ाक इन्तहा[3] है यह
बूदे-आदम नमूदे-शबनम है[4]
एक दो दम में फिर हवा है यह
शुक्र उसकी जफ़ा का हो न सका
दिल से अपने हमें गिला है यह
मैं तो चुप हूँ, वो होंट चाटे है
क्या कहूँ रीझने की जा[5] है यह
'मीर' को क्यों न मुग़तनम[6] जानें
अगले लोगों में इक रहा है यह

167

नज़र आया था सुबह दूर से वह
फिर छुपा ख़ुर[7] सा अपने नूर से वह
देखें आशिक़ का जी भी है कि नहीं
तंग है जाने-नासबूर[8] से वह
क्या तसव्वुर में फेरे है सूरत
कि सरकता नहीं हुज़ूर[9] से वह
ख़ूबी उस ख़ूबी सी बशर[10] में कहां
ख़ूबतर है परी व हूर से वह
ख़ुश हैं दीवानगी-ए-'मीर' से सब
क्या जुनूं कर गया शऊर से वह

168

हम जानते तो इश्क़ न करते किसू के साथ
ले जाते दिल को ख़ाक में इस आरज़ू के साथ

---

1. घायल, 2. प्रेम का प्रारंभ, 3. अंत, चरम, 4. मानव का अस्तित्व ओस की बूंद की भांति है, 5. जगह, 6. गनीमत, 7. सूर्य, 8. बेचैन जान, 9. सामने से, 10. मनुष्य

नाज़ां[1] हो उसके सामने क्या गुल खिला हुआ
रखता है लुत्फ़े-नाज़ भी रूए-निकू[2] के साथ
हंगामे जैसे रहते हैं उस कूचे में सदा
ज़ाहिर है हश्र[3] होगी ऐसी ग़लू[4] के साथ
मजरूह[5] अपनी छाती को बख़िया किया बहुत
सीना गठा है 'मीर' हमारा रफ़ू के साथ

169

मुद्दत से तो दिलों की मुलाक़ात भी गयी
ज़ाहिर का पास था सो मुदारात भी गयी[6]
कितने दिनों में आयी थी उसकी शबे-विसाल[7]
बाहम[8] रही लड़ाई सो वह रात भी गयी
कुछ कहते आके हम, तो सुना करते वे ख़मोश
अब हर सुख़न[9] पे बहस है, वह बात भी गयी
फिरते हैं 'मीर' ख़्वार कोई पूछता नहीं
इस आशिक़ी में इज़्ज़ते-सादात[10] भी गयी

170

दुनिया की क़द्र क्या जो तलबगार हो कोई
कुछ चीज़ माल हो तो ख़रीदार हो कोई
क्या इज़्तराबे-दिल[11] से कहे 'मीर' सिर्रे-इश्क़[12]
यह हाल समझे वह जो गिरफ़्तार हो कोई

171

आज हमें बेताबी-सी थी सब्र की दिल से रुख़सत थी
चारों ओर निगह करने में आलम-आलम हैरत थी
किस मेहनत[13] से मुहब्बत की थी किस ख़्वारी से चारी की
रंज ही सारी उम्र उठाया कुल्फ़त[14] थी या उल्फ़त थी

---

1. गर्वयुक्त, 2. सुंदर चेहरा, 3. प्रलय, क़यामत, 4. शोर, 5. घायल, 6. ज़ाहिरातौर पर यानी प्रकट रूप में संकोच के कारण दुआ-सलाम भी न हो सका, 7. मिलन की रात, 8. आपस में, परस्पर, 9. बात-बात पर, 10. बुज़ुर्गियत यानी बड़प्पन का लिहाज़, 11. दिली बेचैनी, 12. प्रेम का रहस्य, 13. मुसीबत से, 14. तकलीफ़

बदनामी क्या इश्क़ की कहिए रुसवाई-सी रुसवाई है
सहरा-सहरा[1] वहशत भी थी दुनिया-दुनिया तोहमत थी
अहद[2] हमारा तेरा है यह जिसमें गुम है मेहरो-वफ़ा[3]
अगले ज़माने में तो यही लोगों की रस्मो-आदत थी
जो उठता है याँ से बगूला हम-सा है आवारा कोई
इस वादी[4] में 'मीर' मगर[5] सरगश्ता[6] किसू की तुरबत[7] थी

172

यार बिन तल्ख़ ज़िन्दगानी[8] थी
दोस्ती मुद्दई-ए-जानी[9] थी
लुत्फ़ पर उसके हमनशी[10] मत जा
कभू हम पर भी मेहरबानी थी
हाथ आता जो तू तो क्या होता
बरसों तक हमने ख़ाक छानी थी
मेरे क़िस्से से सब की गयीं नींदें
कुछ अजब तौर की कहानी थी
फ़ुक्र[11] पर भी था 'मीर' के इक रंग
कफ़नी पहनी सो ज़ाफ़रानी[12] थी

173

क्या करूँ शरह ख़स्ताजानी की[13]
मैंने मर मर के ज़िन्दगानी की
हाले-बद गुफ़्तनी नहीं मेरा[14]
तुमने पूछा तो मेहरबानी की
तिश्नालब[15] मर गये तिरे आशिक़
न मिली एक बूँद पानी की
जिससे खोई थी नींद 'मीर' ने कल
इब्तिदर[16] फिर वही कहानी की

1. जंगल-जंगल, 2. ज़माना, 3. कृपा, 4. घाटी में, 5. शायद, 6. परेशानहाल, 7. कब्र, 8. कड़वाहट भरी ज़िन्दगी, 9. जान की दुश्मन, 10. मित्र, दोस्त, 11. फ़क़ीरी, 12. केसरिया, 13. ख़स्ता हालत की व्याख्या, 14. मेरी बदहाली कहने योग्य नहीं, 15. प्यासे, 16. शुरुआत

174

जो लोग आसमां ने यां ख़ाक कर उड़ाये
बे-इब्र तों[1] ने लेकर ख़ाक उनकी घर बनाये
रहने की कोई जागह शायद न थी उन्हों के
जो याँ से उठ गये हैं फिर वे कभू न आये
लड़के बरहमनों के संदलभरी जबीनें[2]
हिन्दोस्तां में देखे तो उनसे दिल लगाये
क्या घूरते हो हरदम डरते नहीं हैं कुछ हम
जिन आँखों पर हैं आशिक़ उन आँखों के दिखाये
आहे-शरर-फ़शां[3] जो निकले है मुंह से हरदम
रौशन[4] है 'मीर' ने क़ल्बो-कबद[5] जलाये

175

चर्ख़[6] पे अपना मदार[7] देखिए कब तक रहे
ऐसी तरह रोज़गार[8] देखिए कब तक रहे
उससे तो अहदो-क़रार[9] कुछ भी नहीं दरमियान
दिल है मेरा बेक़रार देखिए कब तक रहे
आँखें तो पथरा गयीं तकते हुए उसकी राह
शामो-सहर[10] इन्तज़ार देखिए कब तक रहे
आँखें मिलाता नहीं इन दिनों वह शोख़ टुक
बेमज़ा है हमसे यार देखिए कब तक रहे
रूए-सुख़न[11] सब का है मेरी ग़ज़ल की तरफ़
शेर है मेरा शुआर[12] देखिए कब तक रहे
गेसू-ओ-रुख़सारे-यार[13] आँखों ही में फिरते हैं
'मीर' ये लैला-निहार[14] देखिए कब तक रहे

---

1. शिक्षा या नसीहत न लेने वाले, 2. चंदन लेपित माथे, 3. चिंगारियां छोड़ने वाली आह, 4. स्पष्ट, 5. दिल और कलेजा, 6. आसमान, 7. भरोसा, 8. दुनिया का कारोबार, 9. वादा, 10. सुबह-शाम, 11. बात का संकेत, 12. ढंग, 13. माशूक़ के केश और गाल, 14. रात और दिन

176

दस्तबस्ता[1] काम नाख़ुन कर गये
सब खराशों[2] ही से जब ही भर गये
बुतकदे[3] से तो चले काबे, वले[4]
दस क़दम हम दिल को कर पत्थर गये
मजलिसों की मजलिसें बरहम[5] हुईं
लोग वे पल मारते कीधर[6] गये
दस्त अफ़शाँ पासे-कोबाँ शौक़ में[7]
सौमये से[8] 'मीर' जी बाहर गये

177

इस बाग़े-बेसबात[9] में क्या दिल सबा[10] लगे
क्या-क्या निहाल[11] देखते यां पांव आ लगे
किसको ख़बर है कश्ती-तबाहों[12] के हाल की
तख़्ता मगर[13] किनारे कोई बह के जा लगे
मक़सूद[14] के ख़याल में बहुतों ने छानी ख़ाक
आलम तमाम वहम है यां हाथ क्या लगे
सब चाहते हैं देर रहे 'मीरे'-दिलज़दा[15]
यारब किसू तो दोस्त की उसको दुआ लगे

178

नहीं वसवास[16] जी गवाँने के
हाय रे ज़ौक़[17] दिल लगाने के
मेरे तग़ईरे-हाल[18] पर मत जा
इत्तिफ़ाक़ात[19] हैं ज़माने के
दमे-आख़िर[20] ही क्या न आना था
और भी वक़्त थे बहाने के

1. हाथ बांधे हुए, 2. दराशें से, 3. मंदिर, 4. लेकिन, 5. तितर-बितर, 6. किधर, 7. प्रेमविभोर होकर हाथ झटकारते, पांव पटकते, 8. फ़क़ीरों की कोठरी से, 9. नश्वर बाग़ यानी दुनिया, 10. सुबह की हवा, 11. पौधे, 12. नाव में डूबने वालों की, 13. शायद, 14. लक्ष्य (ईश्वर या प्रिय को प्राप्त करना), 15. दुखी, 16. डर, ख़ौफ़, 17. शौक़, 18. बदहाली, 19. आकस्मिकताएं, अचानकपन, 20. अंतिम समय

इस कदूरत[1] को हम समझते हैं
ढब हैं ये ख़ाक से मिलाने के
चश्मे-नज़्मे-सिपहर[2] झपके है
सदक़े[3] इस अँखड़ियाँ लड़ाने के
दीनो-दिल, होशो-सब्र[4], सब हो गये
आगे-आगे तुम्हारे आने के

179

जागना था हमको, सो बेदार होते रह गये
कारवाँ जाता रहा, हम हाय सोते रह गये
जी दिये बिन वह दुरे-मक़्सूद[5] कब पाया गया
बे जिगर थे 'मीर' साहब, जान खोते रह गये

180

दादो-फ़रियाद जा-ब-जा[6] करिए
शायद उसके भी दिल में जा[7] करिए
अब सुलगने लगी है छाती भी
यानी मुद्दत पड़ी जला करिए
देखें कब तक रहे है यह सोहबत
गालियां खाइए दुआ करिए
वह नहीं सुरगुज़िश्त[8] सुनता 'मीर'
यूं कहानी सी क्या कहा करिए

181

ख़ुरशीद[9] तेरे चेहरे के आगू[10] न आ सके
उसको जिगर भी शर्त है जो ताब[11] ला सके
हम गर्म-रौ हैं राहे-फ़ना के शरर-सिफ़त[12]
ऐसे न जायेंगे कि कोई खोज पा सके

---

1. दिल के मैल, 2. सितारों की आँख, 3. बलइयां लूं, 4. दीन और दिल, होश और सब्र, 5. चाहत का मोती 6. जगह-जगह, 7. जगह, 8. आपबीती, 9. सूर्य, 10. आगे, सामने, 11. धैर्य, राहत, 12. हम चिनगारी की भांति मृत्यु-पथ पर आगे बढ़ रहे हैं

ग़ाफ़िल न रहियो आहे-ग़रीबां से सरकशां[1]
ताक़त है इसको यह कि जहां को जला सके

182

फ़क़ीराना आये सदा कर चले[2]
मियां खुश रहो हम दुआ कर चले
शफ़ा[3] अपनी तक़दीर ही में न थी
कि मक़दूर[4] भर तो दवा कर चले
वो क्या चीज़ है आह जिसके लिए
हर इक चीज़ से दिल उठाकर चले
कोई ना-उमेदाना[5] करते निगाह
सो तुम हमसे मुँह भी छुपाकर चले
दिखाई दिये यूं कि बेख़ुद[6] किया
हमें आपसे भी जुदा कर चले
कहें क्या जो पूछे कोई हमसे 'मीर'
जहां में तुम आये थे क्या कर चले

183

करो तवक्कुल[7] कि आशिक़ी में न यूं करोगे तो क्या करोगे
अलम[8] जो यह है तो दर्दमंदो कहां तलक तुम दवा करोगे
अख़ीरे-उल्फ़त यही नहीं है कि जलके आख़िर हुए पतंगे
हवा जो यां को ये है तो यारो ग़ुबार बनकर उड़ा करोगे
बला है ऐसा तपीदने-दिल[9] कि सब्र इस पर है सख़्त मुश्किल
दिमाग़ इतना कहां रहेगा कि दस्त-बर-दिल[10] रहा करोगे
अदम[11] में हमको ये ग़म रहेगा कि औरों पर अब सितम रहेगा
तुम्हें तो लत है सताने ही की किसे पे आख़िर जफ़ा करोगे
अगर्चे अब तो ख़फ़ा हो लेकिन मुए[12] गए पर कभू हमारे
ग़मे-मुहब्बत से 'मीर' साहब बतंग[13] हूँ मैं, फ़क़ीर हो तुम
जो वक़्त होगा कभी मुसाइद[14] तो मेरे हक़ में दुआ करोगे

1. ओ घमंडी लोगों गरीबों की हाय से, 2. फ़क़ीरों की तरह आये और आवाज़ लगा गये, 3. इलाज, 4. सामर्थ्य, 5. निराशापूर्वक, 6. बेहोश 7. सब्र, 8. दुख, 9. दिल की तपिश, 10. दिल पर हाथ रखे, 11. परलोक, 12. मरण, मृत्यु, 13. परेशान, 14. अनुकूल, मददगार

184

ज़िन्दगी होती[1] है अपनी ग़म के मारे देखिए
मूँद लीं आँखें इधर से तुमने प्यारे देखिए
राहे-दूर-इश्क में अब तो रखा हमने क़दम
रफ़्ता-रफ़्ता पेश क्या आता है बारे देखिए
ख़ंजरे-बेदाद[2] को क्या देखते हो दमबदम
चश्म से इंसाफ़[3] की सीने हमारे देखिए
एक ख़ूँ हो बह गया, दो रोते ही रोते गये
दीदा-ओ-दिल[4] हो गये हैं सब किनारे देखिए
रह गये सोते के सोते क़ाफ़िला जाता रहा
हम तो 'मीर' इस रह के ख़्वाबीदा[5] हैं बारे देखिए

185

यारब! कोई हो इश्क़ का बीमार न होवे
मर जाय वले[6] उसको ये आज़ार[7] न होवे
ज़िंदा[8] में फंसे, तौक़[9] पड़े, क़ैद में मर जाय
पर दामे-मुहब्बत[10] में गिरफ़्तार न होवे
इस वास्ते कांपूँ हूँ कि हैं आह निपट सर्द
यह बाउ[11] कलेजे के कहीं पार न होवे
सहराए-मुहब्बत[12] है, क़दम देख के रख 'मीर'
यह सैर सरे-कूचा-ओ-बाज़ार[13] न होवे

186

जिन-जिन को था ये इश्क़ का आज़ार[14] मर गये
अक्सर हमारे साथ के बीमार मर गये
यूँ कानों-कान गुल ने न जाना चमन में आह
सर को पटक के हम पसे-दीवार[15] मर गये

---

1. ख़त्म होती है, 2. अत्याचारी तलवार, 3. न्याय की आँख से, 4. आँखें और दिल, 5. इस राह पर सोने वाले, 6. लेकिन, 7. बुखार, 8. जेल, 9. हथकड़ी-बेड़ी, 10. प्रेम के जाल में, 11. वायु, 12. प्रेम का जंगल, 13. गलियों-बाज़ारों की सैर, 14. प्रेम का बुखार, 15. दीवार के पीछे

सद कारवां[1] वफ़ा है कोई पूछता नहीं
गोया मतअ-ए-दिल के ख़रीदार[2] मर गये
मजनूं न दश्त[3] में हैं न फ़रहाद कोह[4] में
था जिन से लुत्फ़े-ज़िन्दगी[5] वे यार मर गये
तुझ से दो-चार होने की हसरत में मुब्तला[6]
जब जी हुए वबाल तो नाचार[7] मर गये
घबरा न 'मीर' इश्क़ में इस सलह ज़ीस्त पर
जब बस चला न कुछ तो मेरे यार मर गये

187

मौसम है निकले शाख़ों से पत्ते हरे-हरे
पौधे चमन में फूलों से देखे भरे-भरे
आगे किसू के क्या करें दस्ते-तमअ[8] दराज़
वह हाथ सो गया है सिरहाने धरे-धरे
क्या समझे उसके रुतबए-आली को अहले-ख़ाक
फिरते हैं ज्यूं सिपहर बहुत हम वरे-वरे
मरता था मैं तो बाज़ रखा मरने से मुझे
यह कह के कोई ऐसा करे है अरे-अरे
गुलशन में आग लग रही थी रंगे-गुल से 'मीर'
बुलबुल पुकारी देख के साहब परे-परे

188

उस शोख़ से हमें भी अब यारी हो गयी है
शर्म अंखड़ियों में जिसकी अय्यारी[9] हो गयी है
रोता फिरा हूँ बरसों लोहू चमन-चमन मैं
कूचे में उसके यकसर गुलकारी[10] हो गयी है
उस से दो-चार होना आता नहीं मयस्सर[11]
मरने में इससे हमको नाचारी[12] हो गयी है
शाही से कम नहीं है दरवेशी अपनी हाँ तो

---

1. सौ कारवां, 2. दिल की दौलत के खरीदार, 3. जंगल, 4. पहाड़, 5. ज़िन्दगी का मज़ा, 6. व्यस्त, 7. मजबूर होकर, 8. लोभ से हाथ फैलाना, 9. चालाकी, 10. फूल पत्ती बनाना, 11. भाग्य में है सब, मक़्सद, नहीं, 12. लाचारी

अब ऐब कुछ जहां में नादारी[1] हो गयी है
हमको तो दर्दे-दिल है तुम ज़र्द क्यों हो इतने
क्या 'मीर' जी तुम्हें कुछ बीमारी हो गयी है

189

कभू 'मीर' उस तरफ़ आकर जो छाती कूट जाता है
ख़ुदा शाहिद[2] है अपना तो कलेजा टूट जाता है
ख़राबी दिल की क्या अम्बोहे दर्दे-ग़म[3] से पूछो हो
वही हालत है जैसे शहर लशकर लूट जाता है
न यूं होवे कि उठ जाऊं कि है अफ़सोस की जागह
जब ऐसा तायरे-ख़ुश-लहजा[4] फंस कर छूट जाता है

190

कारे-दिल उसे महे-तमाम[5] से है
काहिश[6] इक रोज़ मुझको शाम से है
तुम नहीं फ़िलासाज़[7] सच साहब
शहर पुरशोर[8] इस ग़ुलाम से है
कोई तुझ सा भी काश तुझको मिले
मुद्दआ[9] हमको इंतक़ाम[10] से है
शेर मेरे हैं सब ख़वास पसंद[11]
गुफ़्तगू, पर मुझे, अवाम[12] से है
सहल है 'मीर' का समझना क्या
हर सुख़न[13] उसका इक मुक़ाम[14] से है

191

नाला[15] जब गर्मे-कार[16] होता है
दिल कलेजे के पार होता है
मार रहता है उसको आख़िरकार

---

1. तंगहाली, ग़रीबी, 2. गवाह, 3. दर्द या दुख का अतिरेक, 4. सुरीले गले वाला पक्षी 5. दिल का काम उस पूरे चांद, यानी, माशूक़ से है, 6. तकलीफ़, 7. मुसीबत ढाने वाले, 8. परेशान, 9. मतलब, मक़्सद, 10. बदला, 11. ख़ास लोगों की पसंद के, 12. जन सामान्य, 13. बात, 14. ठिकाने से, 15. रुदन, 16. कार्यरत

इश्क़ को जिससे प्यार होता है
जब्र है, क़हर है, क़यामत है
दिल जो बेइख़्तियार होता है
राह तकते ही बैठे हैं आँखें
उसका जब इन्तज़ार होता है
आह किस जा पे बार[1] खोला 'मीर'
याँ तो जीना भी बार होता है

192

तेरे बंदे हैं हम ख़ुदा जानता है
ख़ुदा जाने हमको तू क्या जानता है
नहीं इश्क़ का दर्द लज़्ज़त से ख़ाली
जिसे ज़ौक़[2] है वह मज़ा जानता है
मुझे जाने है आप ही सा फ़रेबी
दुआ को भी मेरी दग़ा जानता है
जफ़ा उस पे करता है हद से ज़ियादा
जिसे यार अहले-वफ़ा[3] जानता है
न गर्मी जलाती थी ऐसी न सर्दी
मुझे यार जैसा जला जानता है
मेरे दिल में रहता है तू ही तभी तो
जो कुछ दिल का है मुद्दआ जानता है
जहां 'मीर' आशिक़ हुआ ख़्वार ही था
ये सौदाई कब दिल लगा जानता है

193

इधर से अब्र[4] उठकर जो गया है
हमारी ख़ाक पर भी रो गया है
मुसायब[5] और थे, पर दिल का जाना
अज़ब इक सानहा[6] सा हो गया है

---

1. बोझ, 2. प्रेम, 3. प्रेमी 4. बादल, 5. मुसीबतें, 6. दुर्घटना

सिरहाने 'मीर' के कोई न बोलो[1]
अभी टुक रोते-रोते सो गया है

194

कैसे नाज़ो-तवख़्खर[2] से हम अपने यार को देखा है
नौगुल[3] जैसे जल्वा करे उस रश्के-बहार को[4] देखा है
एक न आया दीद में[5] अपनी दिलकश दिलचस्प उसके रंग
इन आँखों ने इस गुलशन में यूं तो हज़ार को देखा है
बाउ से[6] गर पत्ता खड़के है चोट चले है ज़ालिम की
हमने दामगहो[7] में उसके ज़ौक़े-शिकार[8] को देखा है
जमा करो दिल 'मीर' से तुम भी बेताबी थी दिल को बहुत
कुछ अच्छे आसार न थे मैं उस बीमार को देखा है

195

हस्ती अपनी हुबाब[9] की सी है
यह नुमाइश सुराब[10] की सी है
नाज़ुकी की उसके लब[11] की क्या कहिए
पंखड़ी इक गुलाब की सी है
बार-बार उसके दर पे जाता हूँ
हालत अब इज़्तराब[12] की सी है
मैं जो बोला, कहा कि यह आवाज़
उसी ख़ाना-ख़राब[13] की सी है
'मीर' उन नीम-बाज़[14] आँखों में
सारी मस्ती शराब की सी है

---

1. इस मिसरे का एक और रूप भी प्रचलित है। "सिरहाने 'मीर' के आहिस्ता बोलो"। इसमें व्यंजना और संवेदना अधिक है। 2. गर्व, 3. ताज़ा फूल, 4. जिससे बहार को भी ईर्ष्या हो, 5. देखने में, 6. हवा से, 7. शिकार करने की जगह, 8. उसका शिकार करने का शौक़ 9. बुलबुला, 10. मरीचिका, छलावा, 11. उसके होंठों की मृदुलता, 12. बेचैनी, 13. जिसका घरबार उजड़ चुका हो, 14. अधमुंदी

196

जब कि पहलू से यार उठता है
दर्द बे-इख़्तियार उठता है
अब तलक भी मज़ारे-मजनूं से
नातवां इक ग़ुबार उठता है
है वगूला ग़ुबार किसका 'मीर'
कि जो हो बेक़रार उड़ता है

197

चले हम अगर तुमको इकराह[1] है
फ़क़ीरों की अल्लाह अल्लाह है
ग़मे-इश्क़ है नागहानी[2] बला
जहां दिल लगा कुढ़ना जांकाह[3] है
चिराग़ाने-गुल[4] से है क्या रौशनी
गुलिस्तां किसू की क़दमगाह[5] है
मुहब्बत है दरिया में जा डूबना
कुएं में गिरना यही चाह[6] है
कली सा हो कहते हैं मुंह यार का
नहीं मोतबिर[7] कुछ ये अफ़वाह है
गया 'मीर' के जी के सुन कर वो शोख़
लगा कहने सबको यही राह है

198

जुनूँ का अबस मेरे मज़्कूर है[8]
जवानी दिवानी तो मशहूर है
गदा[9] दोनों हैं दिले-बाख़्ता[10]
अजब इश्क़बाज़ी का दस्तूर है
अब हम नातवानों को[11] मरना है सिर्फ़

---

1. चिढ़, 2. आकस्मिक, 3. बहुत कष्टदायक, 4. फूलों की दीपमाला, 5. घूमने की जगह, 6. प्रेम, आकांक्षा, 7. विश्वास करने योग्य, 8. मेरे जुनून का ज़िक्र व्यर्थ है, 9. भिखारी, 10. दिल हारे हुए, 11. कमज़ोरों को

नहीं वह कि जीना भी मंज़ूर है
गया शायद उस शमा-रु[1] का ख़याल
कि अब 'मीर' के मुंह में कुछ नूर है

199

पत्ता पत्ता, बूटा बूटा हाल हमारा जाने है
जाने न जाने गुल ही न जाने, बाग़ तो सारा जाने है
चारागरी बीमारी-ए-दिल की, रस्मे-शहरे-हुस्न नहीं[2]
वर्ना दिलवरे-नादाँ भी, इस दर्द का चारा जाने है[3]
मेहरो-वफ़ा ओ-लुत्फ़ों-इन्नायत, एक से वाक़िफ़ इनमें नहीं[4]
और तो सब कुछ, तज़ो-किनाया, रम्ज़ो-इशारा[5] जाने है
आशिक़ सा तो सादा कोई और न होगा दुनिया में
जी के ज़ियां को[6] इश्क़ में उसके अपना वारा[7] जाने है
क्या क्या फ़ित्ने[8] सर पर उसके लाता है माशूक़ अपना
जिस बेदिल, बेताबो-तवाँ को[9], इश्क़ का मारा जाने है

200

देखा करूँ तुझी को मंज़ूर है, तो यह है
आँखें न खोलूँ तुझ बिन, मक़दूर[10] है तो यह है
रोने में दिन कटे है, आहो-फ़ुग़ाँ[11] में रातें
गर शग़्ल है तो यह है, मज़्कूर[12] है, तो यह है
चाके-जिगर को[13] मेरे बरजा[14] है जो कहो तुम
गर ज़ख़्म है तो यह है, नासूर है तो यह है

201

कोफ़्त से जान लब पर आई है
हमने क्या दिल पे चोट खाई है

---

1. अत्यंत सुंदर चेहरा 2. दिल की बीमारी का इलाज हुस्न के शहर का रस्म (रीति) नहीं, 3. अन्यथा भोला माशूक भी इस दर्द का इलाज जानता है, 4. प्रेम और उसका निर्वाह, शिष्टाचार और कृपा में से किसी से ये परिचित नहीं, 5. व्यंग्य और तानाज़नी, 6. दिल की बरबादी को, 7. नियति, 8. उपद्रव, 9. निर्बल, कमज़ोर को, 10. भाग्य, क़िस्मत, 11. आहें भरते हुए, 12. ज़िक्र, 13. कलेजे के ज़ख़्म को, 14. उचित, वाजिब

दीदनी[1] है शिकस्तगी[2] दिल की
क्या इमारत ग़मों ने ढाई है
मर्गे-मज़नूं[3] से अक़्ल गुम है 'मीर'
क्या दिवाने ने मौत पाई है

202

जल गया दिल मगर ऐसी जो बला निकले है
जैसे लू चलती मेरे मुंह से हवा निकले है
पारसाई[4] धरी रह जायेगी मसजिद में शेख़
वह जो इस राह कभू मस्ती में आ निकले है
अज्र[5] से ख़ाली नहीं इश्क़ में मारे जाना
दे है जो सर कोई, कुछ यां से भी पा निकले है
क्या है इक़बाल कि उस दुश्मने-जाँ के आते
मुँह से हर एक के सौ बार दुआ निकले है
वैसा बेजा नहीं दिल 'मीर' का जो रह न सके
चलता-फिरता कभू उस पास भी जा निकले है

---

1. देखने काबिल है, 2. टूटना, 3. मज़नूं की मौत, 4. पवित्रता, 5. पुरस्कार

शे’र

शे'र

गर्चे उम्मीदे-असीरी[1] पे ये नाशाद आया
राम[2] सय्याद का होते ही ख़ुदा याद आया

दिल गया, रुसवा हुए, आख़िर को सौदा[3] हो गया
इस दो-रोज़ा ज़ीस्त[4] में हम पर भी क्या-क्या हो गया

आने के वक़्त तुम तो कहीं के कहीं रहे
अब आये तुम तो फ़ायदा? हम ही नहीं रहे

नाचार हम तो तुझ बिन जी मार कर रहेंगे
पर इस रविश को तेरी यह लोग क्या कहेंगे

तेरी ज़ुल्फ़े-सियह की याद में आंसू झमकते हैं
अंधेरी रात है, बरसात है, जुगनू चमकते हैं

ख़ाक से क्यो न 'मीर' यकसां[5] हूँ
मुझ पे तो आसमान टूटा है

हम रो-रो के दर्दे-दिले-दीवाना कहेंगे
जी में है कभू हाले-ग़रीबाना कहेंगे

उम्र गुज़री कि तेरे कूचे के आने से गये
दूर से एक नज़र देख के जाने से गये

1. कैद होने की आशा, 2. वश में, 3. उन्माद, 4. दो दिन की ज़िन्दगी, 5. मिला हुआ

जो सैल[1] सरश्क[2] का चले है
दरिया के भी होंट जा मिले है

क्या कहूँ मैं 'मीर' अपनी सरगुज़िश्त[3]
इब्तदा[4] क़िस्से ही में वह सो गया

कूचाए-यार से न जावेंगे
कैसे ही होंगे हम गये गुजरे

दिल ताब[5] टुक भी लाता तो कहने में कुछ आता
उस तिश्ना काम[6] ने तो पानी भी फिर न मांगा

ग़म में दिल, सब्र, होश ऐ प्यारे
हाथ हानों पे रख गये सारे

उन ने देखा जो उठ के सोते से
उड़ गये आइने के तोते से

देखता हूँ तो काम मेरा 'मीर'
अव्वले-इश्क़ ही में आखिर है

बस न लग चल नसीम[7] मुझ से कि मैं
रह गया हूँ चिराग़ सा बुझ कर

इश्क़ में मर्ग[8] इब्तदा ले तू
जो न माने तो इंतिहा[9] ले तू

ख़िज़्रे-रह[10] इश्क़ में न ढूंढ़ कि यां
राह की बात खोये देती है

राह आँसू की कब तलक तकिए
ख़ूने-दिल ही का अब मज़ा चखिए

---

1. बाढ़, 2. आंसू, 3. राम-कहानी, 4. आरम्भ, 5. सहन करने की शक्ति, 6. प्यासा 7. सुबह की हवा, 8. मौत, 9. अन्त, 10. पथ-प्रदर्शक

रुबाइयाँ

रुबाइयाँ

दामन उज़लत[1] का अब लिया है मैंने
दिल मर्ग[2] से आशना[3] किया है मैंने
था चश्माए-आबे-ज़िन्दगानी[4] नज़दीक
पर ख़ाक से उसको भर दिया है मैंने

अफ़सोस है उम्र हमने यूं ही खोयी
दिल जिसको दिया उनने न की दिलजोई[5]
झुंझला के गला छुरी से काटा आख़िर
झुल ऐसी भी इश्क़ में करे है कोई

अल्लाह को ज़ाहिद जो तलब करते हैं
ज़ाहिर तक़वा[6] को किस सबब करते हैं
दिखलाने को लोगों के हैं दोनों की सलाह
पेशे-अंजुम[7] नमाज़े-शब[8] करते हैं

बुतख़ाने से दिल अपने उठाये न गये
काबे की तरफ़ मिज़ाज लाये न गये
तौरे-मसजिद को बरहमन क्या जाने
यां मुद्दते-उम्र में हम आये न गये

अब वक़्ते-अज़ीज़ को तो यूं खोओगे
पर सोच के ग़फ़लत के तईं रोओगे
क्या ख़्वाबे-गिरा[9] पे मैल[10] रोज़ा-शब[11] है
जागो टुक 'मीर' फिर बहुत रोओगे

---

1. एकांत, 2. मौत, 3. परिचित, 4. अमृत-स्त्रोत, 5. मेहरबानी, 6. पवित्रता, 7. सितारों के सामने, 8. रात की नमाज़, 9. गहरी नींद, 10. इच्छा, 11. रात-दिन

दुनिया में बड़ा रोग जो है उल्फ़त है
दिक़ आ गये हैं जी से भी यह ज़हमत है
कहते थे कि 'मीर' बेवफ़ा हमको न जान
की ख़ूब वफ़ा तुमने तुम्हें रहमत है

हम 'मीर' से कहते हैं न तू रोया कर
हँस खेल के टुक चैन से भी सोया कर
पाया नहीं जाने का वो दुरे-नायाब[1]
कुढ़-कुढ़के अ़बस जान को मत खोया कर

वस्फ़[2] अपने दिलों के किस से कहिए प्यारे
उस शोख़ की तमकी[3] ने तो जी ही मारे
बातों में छुपा मुँह न कभ यूँ पूछा
कह 'मीर' गयी है रात क्योंकर बारे

राज़ी टुक आप को रज़ा[4] पर रखिए
मायल दिल को तनिक क़ज़ा पर रखिए
बंदों से तो कुछ काम न निकला ऐ 'मीर'
सब कुछ मौक़ूफ़[5] अब ख़ुदा पर रखिए

तुम तो ऐ मेहरबान अनूठे निकले
जब आन के पास बैठे रूठे निकले
क्या कहिए वफ़ा एक भी वादा न किया
सच यह है कि तुम बहुत ही झूठे निकले

मिलिए उस शख़्स से जो आदम होवे
नाज़ उसको कमाल पर बहुत कम होवे
हो गर्मे-सुख़न[6] तो गिर्द आवे इक ख़ल्क़[7]
ख़ामोश रहे तो एक आ़लम[8] होवे

---

1. अलभ्य मोती (प्रियतम), 2. गुण, 3. शान, 4. ईश्वर की इच्छा, 5. निर्भर, 6. वार्तारत, 7. दुनिया (के लोग), 8. (रहस्यमय) संसार

इतने भी हम ख़राब होते रहते
काहे को ग़मो-अलम से रोते रहते
सब ख़्वाबे-अदम[1] से चौंकने के हैं बवाल
बेहतर था यही कि वहीं सोते रहते

अंदेशाए-मर्ग[2] से है सीना सब रेश[3]
टुकड़े है जिगर जैसे लिबासे-दरवेश
हाथों से जो आज हो सके कर लीजे
फिर कल तो हमें है एक क़यामत दरपेश

हर रोज़ नया एक तमाशा देखा
हर कूचे में सौ जवाने-रअना[4] देखा
दिल्ली थी तिलिस्मात कि हर जागह 'मीर'
इन आँखों से हमने आह क्या-क्या देखा

औक़ात जवानी के गये इश्रत में
अय्याम[5] लड़कपन के गये ग़फ़लत में
पीरी में जुज़[6] अफ़सोस किया क्या जाये
यक बार कमी ही आ गयी ताक़त में

जिस वक़्त शुरूअ यह हिकायत होगी
रंजीदगी-ए-यक-दिगर[7] निहायत होगी
अहवाल वफ़ा का अपनी हरगिज़ मुझसे
मत पूछ, कि कहने में शिकायत होगी

फिर इश्क़ में 'मीर' पांव धरता हैगा
जी और मुग़न्नज़[8] अपना करता हैगा
सब मिल के चलो बुला उसे समझावें
अफ़सोस कि वह जवान मरता हैगा

---

1. मौत की नींद, 2. मौत के डर, 3. घायल, 4. सुन्दर युवक, 5. दिन, 6. सिवाय, 7. एक दूसरे की बात से बुना मानना, 8. दुखी

कहता है यह—अपनी आँखों देखेंगे—फ़क़ीर
बीनश[1] नहीं रखते क्या जवां हों क्या पीर
अंधे हैं जहां के सारे लोग ऐ 'मीर'
सूझे न जिसे वैसे ये कहते हैं बसीर[2]

चुपके रहना न 'मीर' दिल में ठानो
बोलो-चालो कहा हमारा मानो
इक हर्फ़ न कह सकोगे वक़्ते-रफ़्तन[3]
चलने को ज़बान के ग़नीमत जानो

यारों को कदूरतें[4] हैं अब तो हम से
जिस रोज़ कि हम जायेंगे इस आलम से
उस रोज़ खुलेगी साफ़ सब पर यह बात
इस बज़्म की रौनक़ थी हमारे दम से

---

1. देखने की ताक़त, 2. देखने वाला, 3. जाते (मरते) समय, 4. दुश्मनियां

एक मसनवी

एक मस्नवी

चमन से इनायत के बादाम दार
इलाही ज़बां दे मुझे मग़्ज़दार
सिफ़त इश्क़ की ता[1] करूँ मैं बयां
रहूँ इश्क़ कहने से मैं तर ज़बां
अजब इश्क़ है मर्दे-कार-आमदा[2]
जहां दोनों इसके हैं बरहमज़दा[3]
जहां जंग सफ़[4] की ये ज़ालिम लड़ा
सफ़ उल्टी, जहां एक मारा पड़ा
अगर लोग मारे गये सर-बसर
हुई फ़तह उसकी गे है तुरफ़ातर[5]
कोई कुश्तनी[6] जो तरफ़[7] हो गया
तहे-तेग़[8] उसके तलफ़[9] हो गया
जहां जिस किसू से इसे चाह है
वहीं उसके ता-क़त्ल[10] हमराह है
किसू से अगर हो गयी लाग सी
दरूनी[11] में उसके लगी आग सी

1. ताकि, 2. युद्ध-वीर, 3. बरबाद किये हुए, 4. सैनिक पंक्ति, 5. विशेष बात, 6. मरने वाला, 7. आकृष्ट, 8. तलवार के नीचे, 9. नष्ट, 10. कत्ल होने तक, 11. दिल

हुआ मुल्तफ़ित यह किसू पर कहीं
तो नामो-निशां उसका फिर वां नहीं
वफ़ाक़[1] इसका निकला सरासर निफ़ाक़[2]
पड़ा आशिक़ों में अजब इत्तफ़ाक़
जवां कैसे-कैसे मुए इश्क़ में
बहुत घर ख़राबे[3] हुए इश्क़ में
बहुत इश्क़ में लोग रोगी हुए
बहुत ख़ाक मल मुँह पे जोगी हुए
गये दश्त[4] में कुछ नमद-मू[5] हुए
कुछ इक शहर में फिरके यकसू हुए
न मुर्ग़े-चमन ही है नालां-ओ-ज़ार[6]
गये दाग़ कुहसार[7] से लालाज़ार[8]
किसू का जिगर ग़म से ख़ूं हो गया
किसू कोहकन[9] को जुनूं हो गया
कोई ज़ार[10] बारां[11] बहुत रो चुका
कोई बर्क़[12] सा जल-बुझा हो चुका
ग़रज़ इश्क़ का हर तरफ़ ज़ोर है
नयी रोज़ शहरों में इक गोर[13] है

---

1. दोस्ती, 2. दुश्मनी, 3. खंडहर, 4. जंगल, 5. बाल बिखराये, 6. दुखी और रोते हुए, 7. पहाड़, 8. गुले-लाला के जंगल, 9. पहाड़ काटने वाला (फ़रहाद), 10. दुखी, 11. वर्षा, 12. बिजली, 13, क़ब्र

बहुत जान नाकाम देते गये
तमन्नाए-दिल साथ लेते गये
बहुत अहले-इस्लाम काफ़िर हुए
बहुत अव्वले-इश्क़ आख़िर हुए
बहुत जुर्मे-उल्फ़त पे मारे गये
जुआ इश्क़ का खेले हारे गये
हुए ख़ान्दां कैसे-कैसे ख़राब
जवां ज्यूं जवानी गये क्या शिताब[1]
किया इश्क़ जिस दिन से, मरते रहे
जियों ही का अंदेशा करते रहे
किसे इश्क़ ने जी से मारा नहीं
यही दर्द है जिसका चारा[2] नहीं
दवा-इश्क़ की सख़्त नायाब[3] है
हरे-आशिक़ां[4] संग[5] का बाब[6] है
जो हो इश्क़ आरिज़[7] तो फिर यास[8] है
अ़बस[9] कोई दिन जीने का पास[10] है
मुहब्बत है नैरंग-साज़े-अजीब[11]
फ़साने हैं उसके अजीबो-ग़रीब

---

1. जल्दी, 2. इलाज, 3. अलभ्य, 4. प्रेमियों के सर पर, 5. पत्थर, 6. दरवाज़ा, 7. आवश्यक, 8. निराशा, 9. बेकार, 10. ख़याल, 11. जादूगर

कहां इश्क़ से आरज़ू-कुश[1] गये
गये खुश जो आशिक़ सो नाखुश गये
कहीं सहलतर यार मरने लगे
कहीं लोग दुश्वार मरने लगे
कहीं काम इसने किये हैं अजब
फ़साना हुई बज़्मे-ऐशो-तरब[2]
कहीं बादशाह इस से दरवेश हैं
कहीं इससे दरवेश दिलरेश[3] हैं
लिया काह[4] का कोह[5] से ही[6] कहीं
मिलाये कहीं आसमानो-ज़मीं
कहीं पड़ गये इसे फ़ितने फ़साद
रहे ज़रे-शमशीर[7] हद से ज़ियाद
हुए इश्क़ में ज़हद-केशां[8] ख़राब
रहे दिल शिकस्ता परीशां ख़राब
मुसलमां हुए इश्क़ में बरहमन
गये काबे को छोड़ दीने-कुहन[9]
न सबहा[10] न ज़ुन्नार[11] नै कुफ़्रो-दीं
जहाँ सब है इश्क़ और कुछ भी नहीं

---

1. इच्छाओं का खून करने वाला, 2. ख़ुशी की महफ़िल, 3. दुखी, 4. घास, 5. पहाड़, 6. बैर, 7. तलवार तले, 8. कर्म कांडी, 9. पुराना धर्म, 10. माला, 11. जनेऊ

मुहब्बत के सागर-कश[1] अहले-सलाह[2]
ये बेहोश दारू हैं इनकी फ़लाह[3]
कोई होश में अपने रहता नहीं
हर इक चुप है, कुछ कोई कहता नहीं
यही इश्क़ जिससे कि हासिल है काम
यही इश्क़ है जिससे निकला है नाम
इसी इश्क़ से रू-सियह[4] रू-सफ़ेद[5]
रखें इश्क़ से ना-उमेदां उमेद
यही इश्क़ है अक़्दए-दिल[6] है यह
यही इश्क़ हल्लाले-मुश्किल[7] है यह
कहीं इसको लड़ने से पाया मुआफ़
कहीं इसने मारे हैं मैदान साफ़
कहीं मोमिनाना[8] इसे दर्दे-दी[9]
कही काफ़िराना हुआ बे-यक़ीं
ग़रज़ इश्क़ है तुर्फ़ा नैरंग-साज़[10]
कहीं नाज़ यकसर कहीं है नियाज़[11]

❑❑❑

---

1. शराबी, 2. परहेज़गार, 3. बेहतरी, 4. बदनाम, 5. नेकनाम, 6. दिल की गांठ, 7. मुश्किल हल करने वाला, 8. धर्म-प्रेमियों की तरह, 9. धर्म का ख़याल, 10. जादूगर, 11. आत्म-निवेदन